人民代表大会制度为什么行

李连宁　著

中国出版集团
中国民主法制出版社
全国百佳图书出版单位

图书在版编目（CIP）数据

人民代表大会制度为什么行/李连宁著．—北京：
中国民主法制出版社，2023.8
（人民代表大会制度通识）
ISBN 978-7-5162-3320-7

Ⅰ.①人…　Ⅱ.①李…　Ⅲ.①人民代表大会制—研究
—中国　Ⅳ.①D621

中国国家版本馆 CIP 数据核字（2023）第 142297 号

图书出品人：刘海涛
出 版 统 筹：贾兵伟
图 书 策 划：张　霞
责 任 编 辑：张　霞

书名/人民代表大会制度为什么行
作者/李连宁　著

出版·发行/中国民主法制出版社
地址/北京市丰台区右安门外玉林里 7 号（100069）
电话/（010）63055259（总编室）　83910658　63056573（人大系统发行）
传真/（010）63055259
http：// www. npcpub. com
E-mail：mzfz@ npcpub. com
开本/16 开　700 毫米 × 1000 毫米
印张/8　**字数**/70 千字
版本/2024 年 6 月第 1 版　2024 年 6 月第 1 次印刷
印刷/三河市宏图印务有限公司

书号/ISBN 978-7-5162-3320-7
定价/36.00 元

序

1954年9月15日至9月28日，第一届全国人民代表大会第一次会议在北京隆重召开，至今已七十年。

人民代表大会制度，坚持中国共产党领导，坚持马克思主义国家学说的基本原则，适应人民民主专政的国体，有效保证国家沿着社会主义道路前进。人民代表大会制度，坚持国家一切权力属于人民，最大限度保障人民当家作主，把党的领导、人民当家作主、依法治国有机统一起来，有效保证国家治理跳出治乱兴衰的历史周期率。人民代表大会制度，正确处理事关国家前途命运的一系列重大政治关系，实现国家统一高效组织各项事业，维护国家统一和民族团结，有效保证国家政治生活既充满活力又安定有序。人民代表大会制度为以中国式现代化全面推进强国建设、民族复兴伟业起到根本保障作用。

2019年，习近平总书记提出了全过程人民民主的中国社会主义民主的重大理念，是社会主义民主政治的重大原创性理论成果。2021年10月，习近平总书记在中央人大工作会议上对全过程人民民主重大理念和实践要求作出系统精辟的阐述。2022年，党的二十大报告指出："人民民主是社会主义的生命，是全面建设社会主义现代化国家的应有之义。全过程人民民主是社会主义民主政治的本质属性，是最广泛、最真实、最管用的民主。"二十大报告把"发展全过程人民民主，保障人民当家作主"作为我们党推进中国特色社会主义民主政治的主题，并作出全面部署、提出明确要求。这对于新时代新征程更好发挥我国社会主义政治制度优势，以中国式现代化全面推进强国建设、民族复兴伟业有十分重要的意义。

习近平总书记提出全过程人民民主的重大理念，就是要"积极发展全过程人民民主，健全全面、广泛、有机衔接的人民当家作主制度体系，构建多样、畅通、有序的民主渠道，丰富民主形式，从各层次各领域扩大人民有序政治参与，使各方面制度和国家治理更好体现人民意志、保障人民权益、激发人民创造”。而在发展全过程人民民主的进程中，人民代表大会制度是“实现我国全过程人民民主的重要制度载体”。人民代表大会制度为全过程人民民主的实施提供法律制度保障和参与实践的平台。发展全过程人民民主，从各层次各领域扩大人民有序政治参与，就需要向人民群众深入介绍人大制度和人大工作，引导他们通过人民代表大会制度依法有序政治参与。

人民代表大会制度作为国家的根本政治制度，越来越深入人心。但是，目前人们对人民代表大会制度的了解还不够全面，有些认识也比较模糊，人民代表大会制度知识需要进一步普及。同时，人民代表大会制度在实践中不断完善和发展，特别是党的十八大以来，人民代表大会制度的理论和实践创新取得重大进展。这也迫切需要作进一步阐释，让人民群众更加坚定对人民代表大会制度的自信。

目前已出版的人大制度相关图书不在少数，但大多是专家学者的理论专著，或是主要面向人大代表、人大干部的工作用书，面向人民群众的人大制度通俗读物较少。

为了向人民代表大会制度正式建立70周年献礼，并以此为契机，向人民群众进一步宣传普及人民代表大会制度知识，推进全过程人民民主，引导人民群众依法有序参与各级人大及其常委会的工作，中国民主法制出版社组织策划了“人民代表大会制度通识”丛书。丛书包括《人民代表大会制度为什么行》《人民代表大会怎么开》《人大代表怎么当》《法律法规怎样立》《人大监督工作怎么干》《人民有序政治参与怎么做》等六本，简明扼要地介绍了人大制度和人大工作的基本知识。丛书作者都是长期从事人大工作的专家型领导干部，曾担任或正担任全国人大机关的重要领导职务，有着深厚的人大制度理论功底和丰富的人大工作实践经验。参加丛书架构搭建、内容审定、分册写作的有第十、十一、十二届全国人大常委会委员、副秘书长、全国人大法律委员会副主任委员、中国人大制度理论研究会副理事长兼秘书长李连宁，第十四届全国人大常委会委员、副秘书长何新，全国人大常委会代表工委副主任傅文杰，全国人大图书馆馆长万其刚，全国人大常委会法工委立法规划室原主任吴高盛，全国人大常委会办公厅秘书局一级巡视员张锦铖，全国人大常委会办公厅秘书局副局长叶剑锐，全国人大华侨委法案室副主任苏东，全国人大常委会代表工委学习培训局副局长贾楠，全国人大常委会办公厅研究室三局副处长黄涛等同志。

希望读者能通过阅读这套丛书，进一步加深对人民代表大会制度的认识。

前言

《人民代表大会制度为什么行》是“人民代表大会制度通识”丛书之一，重点介绍了人民代表大会制度为什么是国家的根本政治制度、人民代表大会制度的内涵、人民代表大会制度与代议制有什么联系、与西方议会制度相比人民代表大会制度有哪些特征和优势，有针对性地回答了我国人民代表大会制度为什么坚持中国共产党的领导，不搞多党竞争、轮流执政；为什么实行民主集中制，不搞“三权分立”；为什么实行中国特色的一院制，不搞两院制；为什么实行单一制的国家结构形式，不搞联邦制；为什么实行“议行分开”，而不是“议行合一”等一系列重大问题。

本书是作者在多年人大工作的基础上，学习领会习近平总书记关于坚持和完善人民代表大会制度重要思想和全过程人民民主的重大理念，对新时代人民代表大会制度理论和实践创新的重大进展和丰硕成果进行深入研究，根据大众阅读的需要，所写的一本小册子。希望借这本小书，讲明我国人民代表大会制度一些最基本的问题，引导读者对人民代表大会制度作更进一步的了解，更加坚定对人民代表大会制度的自信，更加坚定不移地沿着中国特色社会主义政治发展道路继续前进。

目录

70周年

坚持好 完善好 运行好

人民代表大会制度

人民代表大会制度为什么是我国的根本政治制度？

一个国家的制度，从类型上划分，可以分为政治、法律、经济、社会、文化、教育、监察、审判、检察、外交等制度；而从地位作用上划分，则分为根本制度、基本制度、重要制度等。根据宪法，我国的政治制度主要包括：人民代表大会制度、中国共产党领导的多党合作和政治协商制度、民族区域自治制度、基层群众自治制度、特别行政区制度等。其中，人民代表大会制度是我国的根本政治制度，中国共产党领导的多党合作和政治协商制度、民族区域自治制度、基层群众自治制度是我国的基本政治制度，特别行政区制度及其他政治制度是我国的重要政治制度。

人民代表大会制度作为我国的根本政治制度的提法，最早是彭真同志公开说出来的。他在 1951 年召开的华北第一次县长会议的全体党员会议上说：我们把代行人民代表大会职能的人民代表会议定成我国的根本政治制度。在 1954 年 9 月召开第一届全国人民代表大会第一次会议上，刘少奇同志在关于《中华人民共和国宪法》草案的报告中，正式阐述了“人民代表大会制度规定为国家的根本政治制度。一切重大问题都应当经过人民代表大会讨论，并作出决定”。

为什么说人民代表大会制度是我国的根本政治制度呢？

第一，人民代表大会制度是与我国的“国体”相适应的“政体”。国体即国家的阶级本质，它是由社会各阶级、阶层在国家中的地位所反映出来的国家的根本属性。我国宪法第一条第一款规定：“中华人民共和国是工人阶级领导的、以工农联盟为基础的人民民主专政的社会主义国家。”这里规定的就是我国的国体。正如毛泽东早在1940年发表的《新民主主义论》中说，“它只是指的一个问题，就是社会各阶级在国家中的地位”。邓小平同志说，国体要解决的，是民主和专政问题。而政体，则是指国家政权的组织形式，解决的是统治阶级采取何种方式来实现自己的统治。关于“政体”，毛泽东说：“那是指的政权构成的形式问题，指的一定的社会阶级取何种形式去组织反对敌人保护自己的政权机关。没有适当形式的政权机关，就不能代表国家。”我国的政体就是人民代表大会制度。国体作为国家的阶级性质和内容，决定着它的政体，政体作为国家统治阶级实现自己的统治的政权组织形式，是为国体服务的，政体对国体起着制度性的保证作用。我国工人阶级领导的、以工农联盟为基础的人民民主专政的国体，心须要求人民代表大会制度的政体与之相适应，而不是其他制度。所以，我国的人民代表大会制度作为与我国的国体相适应的国家政权组织形式，是我国其他任何政治制度都不可比拟的。

第二，人民代表大会制度是人民当家作主的最高实现形式。胡锦涛同志说，人民代表大会制度是中国人民当家作主的重要途径和最高实现形式。新中国成立后，人民可以通过多种途径和方式实现当家作主，管理国家和社会事务。例如，通过村民委员会、居民委员会、企事业单位职工代表大会等基层民主自治，实现当家作主；通过人民政协的协商民主途径和方式参政议政，民主协商；还可以依法对国家机关及其工作人员提出批评、意见和建议。最重要的则是，人民通过选举产生人大代表，组成各级国家权力机关，代表人民行使国家权力，人民还依法参与各级人大的立法、监督工作，监督人大代表的履职等。在人民实现当家作主的过程中，人民代表大会制度起着至关重要的作用。

彭真同志 1951 年在华北第一次县长会议全体党员会议上的讲话说：我们把代行人民代表大会职能的人民

代表会议定成我们国家的根本政治制度。人民代表会议，现在是全国人民的基本组织形式。就是说只有通过它才能把4万万7500万人民组织起来。离开它人民组织不起来。人民代表会议又是我们在政权工作中走群众路线的最好的，最有效的，最重要的形式。

第三，人民代表大会制度是我国各种国家制度的源泉。董必武同志指出，人民代表大会制度是我国各种国家制度的源泉。婚姻家庭制度、民事商事制度、行政制度、司法制度、基层民主制度等都是人民代表大会通过立法创制出来的。我国保障公民权利的各种制度，国家机构的组织和职权制度，基本政治制度、基本经济制度、文化教育制度、生态环境制度，以及行政制度、监察制度、审判制度、检察制度、民事制度、刑事制度、诉讼和非诉讼制度等，所有这些制度，无一例外，都是通过人大立法创制的。可以说，没有人民代表大会制度，我国的各种国家制度就成了无源之水、无本之木。

第四，人民代表大会制度是依法统一行使国家权力的制度。国家权力是国家主权的组成部分。国家主权对外是国家的独立自主权，对内是国家的统治权。国家按照人民的意志，根据本国的情况，选择自己的社会制度、国家政权组织形式，组织自己的国内和对外事务。各级人大及其常委会作为国家权力机关依法统一行使国家权力。根据现行宪法，国家的各级行政机关、监察机关、审判机关、检察机关都是由各级人民代表大会依法产生的。国家行政机关、监察机关、审判机关、检察机关依法分别行使国家的行政权、监察权、审判权、检察权等国家治理权。除了各级人大及其常委会，其他任何国家机关都无权行使国家权力。

第五，人民代表大会制度是掌握国家和民族前途命运的政治制度。在我国的国家政治制度中，各级人大机关依法行使国家权力，特别是全国人民代表大会，作为最高国家权力机关，其作出的决议决定都涉及国家治理和社会发展的重大事项，直接关系着国家和民族前途命运。例如，决定战争和和平问题，决定战争状态的宣布、决定全国总动员、全国进入紧急状态等国家大事，都分别由全国人民代表大会及其常委会依法行使。现实中，也随时都可能发生关系国家民族前途命运的事情。因此，习近平总书记特别强调，在新的奋斗征程上，我们要毫不动摇坚持人民代表大会制度，必须充分发挥人民代表大会制度的根本政治制度作用，继续通过人民代表大会制度牢牢把国家和民族前途命运掌握在人民手中。

第六、人民代表大会制度在国家的制度体系中起着顶层决定性、全域覆盖性、全局指导性作用。在我国的政治制度中，中国共产党领导的多党合作和政治协商制度、民族区域自治制度、基层群众自治制度、特别行政区制度等政治制度，都只代表了我们政治生活的一个方面。中国共产党领导的多党合作和政治协商制度具有全域覆盖性和全局指导性，但它不是国家政权机关，它的基本职能是参政议政、民主监督，不具有顶层决定性。民族区域自治制度是落实民族政策，在各少数民族聚居的地区实行民族区域自治制度，不具有全域覆盖性。基层群众自治制度是关于人民群众在基层直接行使民主权利，实行自我管理、自我服务、自我监督的自治制度，虽然具有全域覆盖性，但也不具有顶层决定性。特别行政区制度是根据“一国两制”政策，在香港、澳门地区以及祖国统一后的台湾地区实行的特别行政区的制度，也不具有全域覆盖性。只有人民代表大会制度是在中国共产党的领导下，行使国家权力，保证人民当家作主的政治制度，在中国特色社会主义政治制度体系中同时起着顶层决定性、全域覆盖性、全局指导性作用的制度。

总之，人民代表大会制度作为我国的“政体”，是人民当家作主的最高实现形式，是我国其他国家制度的源泉，依法行使国家权力，并且掌握国家和民族前途命运，在国家的制度体系中起着顶层决定性、全域覆盖性、全局指导性作用，毋庸置疑地成为我国的根本政治制度，是中国特色社会主义政治发展道路的集中体现。

人民代表大会制度的内涵是什么？它只是关于各级人大及其常委会自身的制度吗？

长期以来，人们对人民代表大会制度的认识多数还局限在各级人大及其常委会的自身制度上，认为人民代表大会制度就是关于全国人民代表大会和地方各级人民代表大会自身的组织制度和工作制度。这种理解是很不全面的。

人民代表大会制度作为在中国共产党的领导下，保证人民当家作主，依法管理国家事务、社会事务的政权组织形式，内涵丰富而广博。主要包括以下七个方面。

1. 人民是国家的主人

宪法第二条第一款规定："中华人民共和国的一切权力属于人民。"这是人民代表大会制度的根，也是各级人民代表大会行使国家权力的源。就像毛主席所说："我们的权力是谁给的？是人民给的。"而人民代表大会制度正是保证人民实现当家作主的根本政治制度。人民作为国家的主人，是人民代表大会制度的核心内涵。

2. 人民通过各级人民代表大会行使国家权力

各级人民代表大会是人民当家作主的主要途径和实现形式。宪法第二条第二款规定："人民行使国家权力的机关是全国人民代表大会和地方各级人民代表大会。"由于我国人口众多，人民直接行使国家权力、管理国家事务，是十分困难的。人民依法通过选举产生人大代表，由人大代表组成各级人民代表大会来行使国家权力，代表人民管理国家和社会事务。因此，各级人民代表大会是人民当家作主的途径和方式。

3. 人民与人民代表大会的关系。各级人民代表大会都由人民选举产生，对人民负责，受人民监督

宪法第三条第二款规定："全国人民代表大会和地方各级人民代表大会都由民主选举产生，对人民负责，受人民监督。"宪法作出这样的规定，对于确保各级人民代表大会真正代表人民的利益、按照人民的意志行使国家权力，从而保证人民在国家生活中的主人翁地位，意义重大。

4. 人民代表大会同中国共产党领导的关系

人民代表大会制度是党领导国家政权机关的重要制度载体，也是党在国家政权中充分发扬民主、贯彻群众

路线的重要实现形式。中国共产党的集中统一领导是坚持和完善人民代表大会制度的根本保证。作为革命党，党领导人民浴血奋战，创立人民代表大会制度的国家政权。作为执政党，主要通过人民代表大会制度掌握国家政权，通过人民代表大会制度支持和保证人民实现当家作主，通过人民代表大会制度牢牢把国家民族的前途命运掌握在人民手中。因此，坚持中国共产党的集中统一领导是坚持和完善人民代表大会制度的根本保证，也是人民代表大会制度最本质的特征和优势。

5. 各级人大同各级行政机关、监察机关、审判机关、检察机关的关系，是产生与被产生、决定与执行、监督与被监督的关系

宪法第三条第三款规定：“国家行政机关、监察机关、审判机关、检察机关都由人民代表大会产生，对它负责，受它监督。”我们的国家政权体制，是人民代表大会统一行使国家权力。国家的行政机关、监察机关、审判机关、检察机关依照宪法、法律的规定，独立行使各自的职权，同时，这些国家机关的全部工作，都要对产生它的人大负责，执行人大的决定，并且受人大监督。各级人大同各级行政机关、监察机关、审判机关、检察机关之间产生与被产生、决定与执行、监督与被监

督的关系这一人民代表大会制度的重要内涵，与西方国家实行“三权分立”有着根本的不同，同时也同列宁设立的“议行合一”的苏维埃制度不同，它是适合中国国情、具有中国特色的政权架构。

6. 中央和地方的关系，是遵循在中央的统一领导下，充分发挥地方的主动性、积极性的关系

宪法第三条第四款规定：“中央和地方的国家机构职权的划分，遵循在中央的统一领导下，充分发挥地方的主动性、积极性的原则。”地方组织法第十一条第（一）项规定，县级以上的地方各级人民代表大会在本行政区域内，保证宪法、法律、行政法规和上级人民代表大会及其常务委员会决议的遵守和执行。这就充分体现了我国中央政权与地方政权的关系。我国是一个单一制国家。单一制国家的权力集中在中央政府，地方国家机关的权力是中央政府授予的，不同于外国的联邦制。我国地方各级人大及其常委会必须依法保证上级人大及其常委会决议的遵守和执行。

7. 各级人大及其常委会自身的制度

一是各级人民代表大会的选举制度。这是人民代表大会制度的基础和重要组成部分。没有人民的选举，就

产生不了各级人大代表，组成不了各级人大机关，就无法行使国家权力。二是各级人民代表大会的代表制度。这是人民代表大会制度的主体制度。主要包括人大代表的地位、权利义务、代表履职的规范、保障以及代表履职的监督等内容。三是各级人大及其常委会的组织制度。主要包括各级人大及其常委会、乡镇人大、人大工作机构的地位、职权、组成等内容。四是各级人大及其常委会的工作制度。工作制度主要包括立法制度、监督制度、选举任免制度、决定重大事项制度。五是各级人大及其常委会的议事制度。我国各级人大及其常委会行使职权主要是通过举行法定会议的形式。各级人大及其常委会的会议必须依照法定的规则和程序进行。规范人大会议的规则和程序就是人大的议事制度。违反人大会议的议事规则和程序，则人大会议的决议、决定是无效的。

以上七个方面，完整构成我国人民代表大会制度的基本内涵和制度体系，集中体现了中国特色社会主义人民民主制度。

我国为什么实行人民代表大会制度？

国家政权应该怎样组织？国家应该怎样治理？这是一个关系国家前途、人民命运的根本性问题。习近平总书记指出，一个国家选择什么样的国家制度和国家治理体系，是由这个国家的历史文化、社会性质、经济发展水平决定的。世界上不存在完全相同的政治制度，也不存在适用于一切国家的政治制度模式。“物之不齐，物之情也。”各国国情不同，每个国家的政治制度都是独特的，都是由这个国家的人民决定的，都是在这个国家历史传承、文化传统、经济社会发展的基础上长期发展、渐进改进、内生性演化的结果。我国实行人民代表大会制度正是我国的国情所决定的。

首先，在我国之所以实行人民代表大会制度，是历史的选择。在中国建立什么样的政治制度，是近代以来中国人民面临的一个历史性课题。为解决这一历史性课题，中国人民进行了艰辛探索。无数仁人志士探寻新的国家制度和国家治理体系，尝试了君主立宪制、议会制、多党制、总统制等各种制度模式，但都以失败而告终。经过实践探索和理论思考，中国共产党人找到了答案。早在1940年，毛泽东在《新民主主义论》中就说道：“没有适当形式的政权机关，就不能代表国家。中国现在可以采取全国人民代表大会、省人民代表大会、县人民代表大会、区人民代表大会直到乡人民代表大会的系统，并由各级代表大会选举政府。”新中国的诞生，为中国人民把这一构想付诸实践奠定了基础、创造了条件。1949年9月，具有临时宪法地位的《中国人民政治协商会议共同纲领》庄严宣告，新中国实行人民代表大会制度。1954年9月，一届全国人大一次会议召开和“五四宪法”的通过，标志着人民代表大会制度这一国家根本政治制度正式建立。

其次，我国之所以实行人民代表大会制度，是人民的选择。在新民主主义革命时期，中国共产党靠人民的拥戴和支持，经历了几十年的艰苦奋战，无数先烈流血牺牲，用枪杆子为人民打下了江山，建立了人民的政权。我国的人民代表大会制度是我们党领导人民将马克思主义国家政权学说同中国实际相结合，经过长期实践探索建立的一种新型的国家政治制度。从土地革命时期的中华苏维埃政权、抗日战争时期的“三三制”抗日民主政权，到解放战争时期的人民代表会议等政权组织形式，都为新中国建立人民代表大会制度积累了宝贵的经验。新中国成立后，国家是人民的国家，人民是国家的主人。人民在中国共产党的领导下当家作主，顺理成章地选择了人民代表大会制度，选举产生自己的代表，组成国家政权机关，代表人民行使国家权力，管理国家和社会事务。我们国家的名称，我们各级国家机关的名称，都冠以“人民”的称号，这是我们对中国社会主义政权的基本定位。

第三，在我国之所以实行人民代表大会制度，是我国的国体所决定的。国体是社会各阶级在国家中的地位，是政体存在和发展的基础，决定着政体的存在形态。政体是国家的组织形式，由国体决定，有什么性质的国家，就要求有什么样的政体与之相匹配。我国宪法第一条第一款规定：“中华人民共和国是工人阶级领导的、以工农联盟为基础的人民民主专政的社会主义国家。”这就是我国的国体。而我国的政体就是人民代表大会制度，是由我国的国体决定的。西方国家的议会制与我国工人阶级领导的、以工农联盟为基础的人民民主专政的国体是完全不相适应的。

此外，我国之所以实行人民代表大会制度，还有着悠久的历史文化渊源。自古以来，上至秦汉，下至中华民国，历经几千年，合久必分、分久必合，但始终保持和传承着大一统的自上而下的国家治理模式，源远流长。新中国建立人民政权，我们的人民代表大会制度，坚持实行民主集中制的原则，在民主基础上的集中和集中指导下的民主，通过人民代表大会制度统一行使国家权力，维护国家的统一和民族的团结，坚持单一制的国家结构形式，坚持在中央的统一领导下，发挥地方的主动性、积极性。不能不说，深厚的中国历史文化传统对新中国的国家治理体系，对人民代表大会制度有着深刻的影响。这也是为什么我们不搞西方国家的“三权分立”“联邦制”的社会历史原因。

人民代表大会制度是怎样建立起来的？

中国共产党从成立的那一天起，就把为中国人民谋幸福、为中华民族谋复兴确立为自己的初心和使命，以实现人民当家作主为己任，为建立新型政治制度，进行了深入的理论思考和实践探索，最终在新中国建立了具有中国特色的人民政权——人民代表大会制度。

1. 建立农民和工人的政权组织

中国共产党成立以后，就在农村领导农民进行政权建设的探索。早在1923年1月，彭湃就领导成立海丰县总农会，内设教育、卫生、财政、农业、仲裁等具有政权职能的部门。7月改组为“惠阳农民联合会”，进而改组为“广东省农会”，彭湃为执行委员长，起草了《广东农会章程》。彭湃被毛泽东誉为“农民运动大王”。到1927年，湖南、湖北、广东、江西等省，纷纷成立农民协会和农民代表大会，行使权力机关的职权。各地的农民协会、农民代表大会是人民代表大会制度在农村的最初探索。

1925年，邓中夏、苏兆征在香港、广州两地领导的

“省港大罢工”运动中，成立了省港罢工工人代表大会，作为领导罢工的最高议事机构。工人代表大会是党领导的第一个工人政权，是人民代表大会制度的萌芽。1927年，周恩来在上海领导第三次工人武装起义，建立了具有权力机关性质的上海市民代表会议，称为“市民代表会议政府”，实行“议行合一”的体制，在市民代表会议之下，设执行委员会或政府委员会。这个市民代表会议是人民代表大会制度在大城市的一次探索。

2. 建立苏维埃政权

第一次国内革命战争结束后，毛泽东、彭湃先后在湖南、广东领导农民革命，建立了井冈山农村革命根据地和海陆丰苏维埃政府，探索成立工农兵苏维埃代表大会制度的政权组织形式。1931 年 11 月，第一次中华全国苏维埃代表大会在江西瑞金召开。这次大会宣布成立中华苏维埃共和国，并通过《中华苏维埃宪法大纲》，大会选举产生中华苏维埃共和国中央执行委员会，作为全国代表大会闭会期间的最高政权机关。中央执行委员会设立人民委员会，作为中华苏维埃共和国的中央行政机关。毛泽东当选为中华苏维埃共和国中央执行委员会主席和临时中央政府主席。中华苏维埃政权的建立，是党领导人民建立新中国和建立人民代表大会制度这一政权组织形式的一次重要尝试，为新中国的政权制度建设奠定了重要基础。

3. 实现“三三制”的陕甘宁边区参议会制度

抗日战争时期，中国共产党在各根据地一边领导抗日军民打击日本侵略者，一边进行民主政权建设。在党中央、毛泽东的领导下，陕甘宁边区在普遍、直接、平等的选举基础上，采用了竞争性选举的方式，选出参议员，成立边区参议会，作为代议机关和最高政权机关，由参议会组织政府和法院。政府和法院对参议会负责并报告工作，受参议会监督。特别是在边区参议会政权中实行“三三制”原则，即共产党员占三分之一，非党员左派人士占三分之一，中间派占三分之一。“三三制”原则最大限度地团结了各方人士。陕甘宁边区的参议会制度为人民代表大会制度的建立积累了宝贵经验。

4. 召开人民代表会议

1947 年 11 月，中共中央要求解放区在土改中自上而下实行人民代表会议制。1948 年 4 月 1 日，毛泽东在晋绥干部会议上讲话时提出，要在各解放区普遍建立起各级人民代表会议，使之成为当地的人民权力机关，一切应有的权力必须归于人民代表会议及其选出的政府委员会。根据党中央和毛泽东的指示，解放战争时期，各解放区普遍将政权组织形式由参议会制转变为人民代表会议制，在农村建立区村（乡）的人民代表会议，在城市召开各界人民代表会议，代行人民代表大会的职权。新中国成立初期各界人民代表会议的民主实践，极大地激发了人民当家作主的热情，在人民代表大会制度的各方面都进行了可贵探索。彭真在总结北京市各界人民代表会议时首次提出，应当“把人民代表会议定成我们国家的根本政治制度”。

5. 召开政治协商会议，通过共同纲领

1949 年中国人民政治协商会议第一次全体会议代行全国人民代表大会的职权，通过了具有临时宪法性质的《中国人民政治协商会议共同纲领》。共同纲领确立了新民主主义的国家性质，并对与之相适应的人民代表大会制度的主要内容作了明确规定：一是中华人民共和国的国家政权属于人民，人民行使国家政权的机关为各级人民代表大会和各级人民政府。二是各级人民代表大会由普选的方法产生。各级人民代表大会选举各级人民政府。三是各级政权机关一律实行民主集中制。人民代表大会向人民负责并报告工作；人民政府委员会向人民代表大会负责并报告工作。1949 年中国人民政治协商会议

第一次全体会议为 1954 年在全国正式建立人民代表大会制度奠定了坚实基础。

6. 召开第一届全国人民代表大会，通过“五四宪法”

1952 年底，土地改革的任务基本完成，抗美援朝战争取得重要胜利，新生的人民政权已基本稳固，在全国范围内进行普选，召开人民代表大会的条件已经成熟。1952 年 12 月 24 日，周恩来在全国政协常委会扩大会议上代表中共中央提议制定宪法，召开人民代表大会，得到一致赞成。1953 年 1 月 13 日，毛泽东在中央人民政府委员会第 20 次会议上的讲话中指出，召开全国人民代表大会和地方各级人民代表大会的条件已经成熟了。这次会议通过了《中央人民政府委员会关于召开全国人民代表大会及地方各级人民代表大会的决议》，决定 1953 年在全国范围内实行普选，召开乡、县、省各级人民代表大会。1953 年 3 月 1 日，中央人民政府委员会公布施行选举法。随后，中国历史上第一次大规模普选在全国范围内展开，逐级选举产生各级人大代表。1954 年 8 月，在普选的基础上，产生了 1226 名全国人大代表。1953 年中央人民政府委员会第 20 次会议决定成立宪法起草委员会。宪法起草委员会在毛泽东亲自领导主持下开展工作。

1954 年 9 月 15—28 日，第一届全国人民代表大会第一次会议召开。这次会议通过了新中国第一部宪法，即通常所说的“五四宪法”。这部宪法规定，我国是工人阶级领导的、以工农联盟为基础的人民民主国家，国家的一切权力属于人民，人民行使权力的机关是全国人民代表大会和地方各级人民代表大会，将人民代表大会制度确立为国家的根本政治制度，为实现党的领导、人民当家作主、依法治国有机统一奠定了坚实的根基。

第一届全国人民代表大会第一次会议召开和“五四宪法”的颁布实施，标志着我国人民代表大会制度在全国范围内正式确立。

人民代表大会制度与代议制有什么联系？

我国的人民代表大会制度与外国的议会制度都属于代议制。代议制是指公民通过选举代表，组成代议机关行使国家权力的制度，是人类社会进步的重要体现，也是人类政治文明的重要成果。它不仅是对封建专制的否定，也是人类民主制度从古希腊小国寡民的古代民主到近现代国家的现代民主的进步。目前世界各国普遍实行代议制。但由于各国的历史背景、文化传统、经济社会发展等的差异，各国国体的不同，代议制的形式及其在国家政权组织体系中的地位和作用也有所不同。例如，英国的国体是英国的资产阶级与皇家贵族相妥协的阶级构成，故英国实行的是君主立宪制的政体。所以，英国议会由上院（贵族院）、下院（平民院）和君主共同组成。美国的国体是资产阶级专政，其政体是三权分立下的总统制的共和政体，联邦制是其基本国情，故美国国会由参议院、众议院两院组成。我国的国体是工人阶级领导的、以工农联盟为基础的人民民主专政，与之相适应的政体就是我国的人民代表大会制度。

代议制度是民主制度的一种形式，是相对于直接民主而言的间接民主形式。在人类社会的早期，古希腊和古罗马的城邦国家，都有公民大会，由公民直接讨论通过法律，选举和监督官员，设立陪审法庭，决定城邦国家的重大事务。这是直接民主的典型。但随着人类社会的发展，在幅员辽阔、人口众多、交通不便、国家治理日益专业化的社会，不可能事事由全体人民直接讨论、决定和执行，只能由人民选出自己的代表，管理国家和社会事务。也就是说，不可能实行直接民主，只能实行代议制的间接民主。代议制民主是从中世纪欧洲开始的，英国是世界上最早产生议会的国家，被称为“议会之母”。此后，西方资本主义国家纷纷效仿，实行代议制民主，建立议会或者国会这样的代议机关。发展至今，代议制民主已成为现代世界各国政权制度的重要组成部分。

各国实行的代议制民主制度一般都具有以下共同特点。

一是以人民主权为理论基础。按照代议制的理论，人民是国家的主权者，人民不直接管理国家的各项事务，而是选出自己的代表去讨论、决定和处理国家事务。我国人民代表大会制度的理论基础也是人民主权，宪法第二条即规定，中华人民共和国的一切权力属于人民，人民行使国家权力的机关是全国人民代表大会和地方各级人民代表大会。即人民通过自己选出的代表组成国家权力机关来行使国家权力。

二是实行普选。选举是组成代议机关、实行代议制民主的基础和起点。资产阶级革命初期，在建立代议机关的过程中，就把普选权作为反对封建特权的口号，以普选反对封建式议会中的等级、财产、信仰和性别等方面的歧视。应该说这是有历史进步性的。我国的人民代表大会制度也是以普选为基本原则的，宪法明确规定，除依法被剥夺政治权利的人外，我国年满十八周岁的公民，不分民族、种族、性别、职业、家族出身、宗教信仰、教育程度、财产状况、居住期限，都有选举权和被选举权。

三是注重法治。一般来说，在国家治理的历史长河中，民主与法治并非有着天然的内在联系。古希腊城市国家的直接民主就出现过多数人的“暴政”；封建王朝的治理也有强调法治，而并不关注民主。随着人类社会的进步，民主与法治作为人类现代文明的重要标志和人类政治文明的重要成果，相互结合得越来越紧密。在现代民主国家治理中，民主是法治的基础和内核，法治则是民主的外在形式和保障，二者密不可分。注重法治这一特点与人民代表大会制度也有重要联系。邓小平在党的十一届三中全会的讲话中就明确提出：“为了保障人民民主，必须加强法制。必须使民主制度化、法律化。”邓小平反复强调：“民主和法制，这两个方面都应该加强……民主要坚持下去，法制要坚持下去。这好像两只手，任何一只手削弱都不行。”而人民代表大会制度正是民主与法治相结合的重要制度载体。

四是实行国家权力的分工行使和分权制衡监督。代议制的一个重要特点，就是反对权力的过分集中，主张分权或者权力之间的制约和监督。不同国家的分权制衡有不同的特点，美国是实行立法权、行政权、司法权“三权分立”的体制。一些国家甚至在议会制度中还实行“两院制”，强化制衡和监督。代议机关掌握着任免权、弹劾权、不信任投票权以及其他方面的监督权和重大事项的决定权。我国人民代表大会制度不实行“三权分立”，而是以民主集中制的原则，实行各级人民代表大会与其他国家机关之间的职权分工。各级人大及其常委会依法行使立法权，行使重要人事任免权、重大事项决定权，并对其他国家机关及其工作人员进行制约和监督。其他国家机关均由各级人大产生，对人大负责，受人大监督，依法分别履行不同的职责。这既与代议制的国家权力的分工行使和分权制衡监督理论有相通之处，也有着我国国家治理体系的特色。

五是立法权由代议机关行使。代议制对国家权力结构的制度设计是，由代议机关行使立法权，制定法律或者其他规则，其他国家机关的职责是执行代议机关制定的法律或者规则，以保证人民主权原则和人民意志得到贯彻和保障。这一特点与我国人民代表大会制度也有相通之处。在人民代表大会制度下，全国人大及其常委会行使国家立法权，制定法律，地方各级人大及其常委会可以制定地方性法规或者作出决议、决定。各级人大及其常委会制定法律、法规和作出的决议、决定，具有一体遵行的效力。

总体上看，我国的人民代表大会制度也是一种代议制度，具有代议制的特点和规律，体现了民主政治制度的共性。但人民代表大会制度与资产阶级的代议制又存在本质的区别，它是中国共产党领导的人民当家作主的政权组织形式，是植根于中国大地、反映和符合中国国情的根本政治制度。我们可以借鉴代议制的政治文明有益成果，但绝不照搬西方的政治制度模式。

与西方议会制度相比，我国人民代表大会制度有哪些特征和优势？

习近平总书记说，人民代表大会制度“是在我国政治发展史乃至世界政治发展史上具有重大意义的全新政治制度”。全新政治制度“新”在哪儿？新就新在我国人民代表大会制度具有中国特色和时代特点。党的十八大以来，人民代表大会制度理论实践创新取得了一系列的重大成果，丰富和发展了人民代表大会制度的特征和优势。

1. 实行中国共产党领导的多党合作的新型政党制度

政党政治是民主政治的组成部分，政党制度就起源于代议制度。17 世纪英国议会的“辉格党”和“托利党”就是最早的政党。发展到今天，成为西方国家普遍实行的多党制。西方国家的多党制是适应其国家内部各种利益集团相互争斗的需要而形成的，其基本特征是多党竞争，轮流执政。西方国家的多党制虽然在其国家治理过程中起到一定的监督和制衡的作用，但发展到现在，已经越来越成为国家治理和社会发展的政治障碍。

在我国，中国共产党的领导是国家的根本领导制度。在各级人民代表大会中，中国共产党是领导核心，是执政党，各民主党派是参政党，不是在野党，也不是反对党，不搞轮流执政。各级人大代表及常委会组成人员，无论是共产党员，还是民主党派成员，或者是无党派人士，根本利益是一致的，都是肩负人民的重托，在中国共产党的领导下，合作共事，依法履职。

习近平总书记在2018年全国政协十三届一次会议的一次联组会上的讲话中，对中国共产党领导的多党合作的新型政党制度进行了深刻阐述：新就新在它是马克思主义政党理论同中国实际相结合的产物，能够真实、广泛、持久代表和实现最广大人民根本利益、全国各族各界根本利益，有效避免了旧式政党制度代表少数人、少数利益集团的弊端；新就新在它把各个政党和无党派人士紧密团结起来，为着共同目标而奋斗，有效避免了一党缺乏监督或者多党轮流坐庄、恶性竞争的弊端；新就新在它通过制度化、程序化、规范化的安排集中各种意见和建议，推动决策科学化民主化，有效避免了旧式政党制度囿于党派利益、阶级利益、区域和集团利益决策施政导致社会撕裂的弊端。习近平总书记对中国共产党领导的多党合作的新型政党制度的阐述深刻揭示了我国人民代表大会制度实行中国共产党领导的多党合作的新型政党制度这一特征和优势。而中国共产党的集中统一领导是人民代表大会制度最本质的特征和优势。

2. 实行民主与集中相结合的民主集中制

与西方国家“三权分立”的理论和体制不同，我们的国家学说认为，国家的一切权力属于人民，国家权力是统一的、不可分割的，我国各级人民代表大会统一行使国家权力。与统一的国家权力相适应，我国实行的是民主集中制。1945 年，毛泽东在《论联合政府》中指出：“新民主主义的政权组织，应该采取民主集中制，由各级人民代表大会决定大政方针，选举政府。它是民主的，又是集中的，就是说在民主基础上的集中，在集中指导下的民主。”董必武也指出，民主集中制原则的提出，正是针对旧民主主义“三权分立”的原则。根据现行宪法的规定，民主集中制集中体现在我国人民代表大会制度为主体的国家政权组织形式上：人民代表大会统一行使国家权力，全国人民代表大会是最高国家权力机关，地方各级人民代表大会是地方国家权力机关。人民通过人民代表大会行使国家权力；各级人民代表大会都由民主选举产生，对人民负责、受人民监督；各级国家行政机关、监察机关、审判机关、检察机关都由人民代表大会产生，对人大负责、受人大监督；国家的决策权、执行权、监督权既有合理分工又有相互协调；在中央统一领导下，充分发挥地方主动性和积极性，保证国家统一高效组织推进各项事业。坚持和完善民主集中制原则，是我们国家“集中力量办大事”的社会主义制度优越性的制度载体和集中体现，既能促使各国家机关提高能力和效率、增进协调和配合，形成治国理政的强大合力，又能切实防止出现相互掣肘、内耗严重的现象。这与西方国家的“三权分立”、政党恶斗形成鲜明的对比。

3. 实行具有中国特色的一院制

与西方一些国家议会实行两院制不同，我国实行的是人民代表大会制度一院制，但中国特色的人民代表大会一院制又不同于其他国家的一院制。不同之处就在于我国实行的是各级人民代表大会及其常务委员会的组织制度和工作制度。也就是说，我国是由人民代表大会和它的常务委员会两个国家机构组成的中国特色的一院制。宪法第五十七条规定：“中华人民共和国全国人民代表大会是最高国家权力机关。它的常设机关是全国人民代表大会常务委员会。”第九十六条规定：“地方各级人民代表大会是地方国家权力机关。县级以上的地方各级人民代表大会设立常务委员会。”也就是说，我国人民代表大会制度的一院制有两个机构。各级人民代表大会一般每年召开一次会议。会议期间，代表大会依法行使国家权力。闭会期间则由人民代表大会常务委员会作为人民代表大会的常设机关，依法行使相应的国家权力。但这两个国家机构又不是相互平行、相互制衡的。人民代表大会常务委员会由人民代表大会选举产生，对人民代表大会负责并报告工作。人民代表大会有权罢免人民代表大会常务委员会的组成人员；改变或者撤销人民代表大会常务委员会不适当的决定。这样一种制度架构，既不同于西方国家议会相互平行、相互制衡的两院制，也不同于西方国家议会单一议院的一院制。

实行中国特色的人民代表大会一院制可以保证党的路线方针政策和重大决策部署的有效贯彻实施，避免决策上的无休止争论扯皮，避免耗费大量的时间、人力、物力等资源，既维护了全国人民代表大会作为最高国家权力机关的地位和权威，又保证了闭会期间国家权力机关的有效运行。同时，在我国的各级人大中，包括了各民族、各地方、各党派、各人民团体的代表，具有广泛的代表性。在作出重大决策前，人大代表经过深入调研论证，通过各种渠道进行民主协商，可以充分反映各个方面的意见和利益诉求，为科学决策、民主决策、依法决策提供了必要的保障，没有必要在人民代表大会内设立两院，进行相互制约。

4. 实行选举民主和协商民主相结合

习近平总书记指出："人民通过选举、投票行使权利和人民内部各方面在重大决策之前进行充分协商，尽可能就共同性问题取得一致意见，是中国社会主义民主的两种重要形式。在中国，这两种民主形式不是相互替代、相互否定的，而是相互补充、相得益彰的，共同构成了中国社会主义民主政治的制度特点和优势。"习近平总书记关于选举民主与协商民主的论述，为我们认识选举民主和协商民主相结合这一人民代表大会制度的特征和优势，作出了明确的指引。

选举民主与协商民主的结合，首先体现在我国各级人民代表大会同各级人民政协在国家治理过程中的互动合作。各级人大在作出重大事项决定、制定重要法律法规过程中，在党的领导下可以适当方式进行协商。其次体现在人民代表大会制度运行中选举民主同协商民主的有机融合。实际上，在人大工作中，选举民主和协商民主是相互交融、互为补充的。例如，审议法律案，一般应当经三次常务委员会会议审议后再交付表决。有关专门委员会和常务委员会工作机构采取座谈会、论证会、听证会等多种形式听取各方面的意见。法律案有关问题专业性较强，需要进行可行性评估的，应当召开论证会。有关问题存在重大意见分歧或者涉及利益关系重大调整，需要进行听证的，应当召开听证会，听取有关基层和群体代表、政府部门、人民团体、专家学者、全国人民代表大会代表和社会有关方面的意见。因此，那种认为人大只是选举民主，政协是协商民主，两者互不搭界的观点是不对的。有人说，外国议会在讨论议案的过程中也运用了协商的方式，但是西方国家的议会协商是不同利益集团之间的利益碰撞、交换和博弈，同我国从人民的根本利益出发、追求人民共同利益的最大化的协商民主，有着本质的不同。

5. 实行代议制民主和参与式民主的结合

西方代议制发展到今天，已经沦为“利益集团代议制”，议员只是出钱支持其参选的利益集团的“代言人”，他所代表的根本不是人民的利益和诉求。美国的一位议员坦言：“美国现在这个政治体系，不是为美国国家利益服务的，而是为美国企业资本服务的，这正是关键。”西方国家在实行代议制民主的同时，不少国家还保留着古希腊、古罗马城邦国家的“全民公决”的直接民主方式。通常，在涉及的问题关系重大、影响面广，或者党派意见分歧严重时，便诉诸“全民公决”。像东欧地区各国、北欧诸国、英国、菲律宾、韩国、巴西、埃及、南非和一些非洲国家等，近些年都举行过“全民公决”。但全民投票本身只是一种工具，可以在一定程度上反映民意，但在特定条件下，特别是在信息不充分、不对称，媒体、网络的引导，尤其是民粹主义的操控下，得到的往往是事与愿违的结果。例如英国的“脱欧公投”。

我国人民代表大会制度既是代议制民主形式，又把代议制民主和参与式民主结合起来。这也是我国人民代表大会制度的一个重要特征和优势。也就是说，一方面人民通过选举产生全国人大和地方各级人大行使国家权力，另一方面宪法第二条第三款规定：“人民依照法律规定，通过各种途径和形式，管理国家事务，管理经济和文化事业，管理社会事务。”人民群众不仅可以通过企事业单位的职工代表大会、城市居民委员会、农村的村民委员会等基层自治组织，直接行使民主权利，也可以依照法律规定对国家和社会事务行使知情权、参与权、表达权和监督权。公民对于国家的重要决策、法律法规的规定、政府的重要政务以及与公民权利和利益密切相关的重大事项有了解和知悉的权利；公民可以依法通过各种途径和方式，如座谈会、论证会、听证会，公示、评估、咨询、网络互动等方式参与管理国家事务、经济和文化事业、社会事务；公民可以依法表达自己对国家和社会事务的意见、意愿；公民享有依法监督国家机关及其工作人员的权利，包括批评权、建议权、控告检举权等。习近平总书记提出“全过程人民民主”的原创性重大理念，就是要推动构建多样、畅通、有序的民主渠道，丰富民主形式，从各层次各领域扩大人民有序政治参与，保证人民依法实行民主选举、民主协商、民主决策、民主管理、民主监督，使各方面制度和国家治理更好体现人民意志、保障人民权益、激发人民创造。

习近平总书记指出：人民代表大会制度是实现我国全过程人民民主的重要制度载体。要在党的领导下，不断扩大人民有序政治参与，保证人民依法行使选举权利，民主选举产生人大代表，保证人民的知情权、参与权、表达权、监督权落实到人大工作各方面各环节全过程，确保党和国家在决策、执行、监督落实各个环节都能听到来自人民的声音。要完善人大的民主民意表达平台和载体，健全吸纳民意、汇集民智的工作机制，把各方面社情民意统一于最广大人民利益之中。习近平总书记的这一重要论述，充分阐释了我国代议制民主和参与式民主结合的这一特征和优势。

6. 实行人大代表的兼职与常委会委员的专职相结合

与西方国家议会议员沦为利益集团专职代言人不

同，我国的人大代表是兼职的。这样一种制度安排，就是为了使我国的人大代表不脱离人民群众，始终和人民群众在一起。人大代表各自从事着不同的职业，有着各自的工作岗位，工作和生活始终与人民群众保持密切的联系，能够最直接地感知人民群众的冷暖、了解人民群众的意愿和要求、反映人民群众的心声。人大代表始终是人民群众的一员，当人大代表不是当官做老爷。这样一种制度安排，保证了代表来源的广泛性，我国的人大代表，来自各地区、各民族、各方面。工人、农民、知识分子、解放军和妇女、归国华侨等都有适当比例的代表，保证社会各个阶层都有自己的代表，而不是有钱的人才能当。

在我国，实行人大代表兼职制度的同时，各级人大常委会委员中也有一部分是专职的。随着工作的不断推进，专职的比例将逐步达到60%以上。这是因为我国各级人大常委会是各级人民代表大会的常设机关，有大量的经常性工作，需要常委会委员集中时间和精力开展人大的立法、监督等经常性工作，这就需要大部分委员是专职的。这样一种代表的兼职和常委会部分组成人员的专职相结合的制度安排，也是我国人民代表大会制度不同于西方国家议会制度的重要特征和优势，既有利于人大代表密切联系群众，又有利于更好地保证各级人大常委会经常性工作的开展，发挥各级人大常委会的作用。

人民代表大会制度独有的特征和优势充分说明，人民代表大会制度是植根于中国大地，符合我国国情和实际，集中体现中国特色社会主义政治发展道路的“全新政治制度”，是我们党领导人民在人类政治制度史上的伟大创造，在中国政治发展史乃至世界政治发展史上都具有划时代意义。

人民代表大会制度为什么坚持中国共产党的领导，不搞多党竞争、轮流执政？

中国共产党是中国工人阶级的先锋队，同时也是中国人民和中华民族的先锋队，是中国特色社会主义事业的领导核心，代表中国先进生产力的发展要求，代表中国先进文化的前进方向，代表中国最广大人民的根本利益。中国共产党的立党宗旨是为人民服务。我们党没有自己的一党私利，也不仅仅代表哪一个群体的利益，而是代表全中国最广大人民群众的共同意志和根本利益。这就是中国共产党的伟大之处。这正是中国共产党与代表不同利益集团的西方政党最大的不同。作为执政党，中国共产党有着九千多万名党员，汇集了全国优秀的人才，在当今世界上是最大的政党，有着严密的组织、严格的纪律、强大的执行力，是当代中国最强大的政治力量。这是任何政治力量都不可比拟的。2018 年修宪，确立了中国共产党领导的国家根本领导制度的宪法地位，深刻表明党的领导在中国特色社会主义制度中的核心地位和关键作用，也深刻表明党的领导在我国人民代表大会制度中的核心地位和关键作用。在党的领导下，中国在短短几十年时间内就取得了西方发达国家需要几百年才能取得的发展成就。历史还将继续证明，只有坚持共产党的领导，中国特色社会主义伟大事业才能继续取得成功。只有中国共产党执政，才能保证人民通过人民代表大会制度管理国家和社会事务，把国家民族的前途和命运牢牢掌握在人民手中。

在中国，民国时期政党政治的乱象充分说明西方国家的多党制不适合中国的国情。推翻清王朝以后，中国的仁人志士纷纷效法西方国家的政党政治，希望借此实现政治民主化、现代化。民国初年政党林立，除了中国同盟会、统一党、民社、共和建设讨论会四大政团，还有统一共和党、中国社会党、国民共进会、国民公党、自由党、共和实进会、国民协进会与民国公会、共和统一党、共和俱进会、共和促进会、国民新政社等政团。但由于当时的中国不具备西方国家多党制的政治社会基础，在中国实行多党制以失败告终。

在中国，人民代表大会制度之所以坚持中国共产党的领导，而不搞多党竞争、轮流执政，还在于西方国家的多党制存在严重的制度缺陷，不利于我们国家的长治久安。西方国家的政党政治始于 17 世纪英国议会“辉格党”与“托利党”之争，发展至今逐步形成多党制或两党制的政治格局。西方国家的政党制度实际是西方国家各种利益集团相互争斗的政治工具，其基本特点是多党竞争、轮流执政。虽然西方国家的多党制在国家治理过程中发挥着制约和监督的作用，但由于其多党制的社会根基实际上是社会不同利益集团、利益群体，各党派就是不同利益集团、利益群体在政治上的代表。当各利益集团和利益群体的矛盾冲突日益激化，西方国家的议会就陷入“否决政治”的泥潭，多党制越来越成为国家治理和社会发展的政治障碍。美国两党在议会中的恶斗，为否决而否决，导致大量政治资源空耗，社会严重撕裂。美国知名政治学家弗朗西斯·福山不得不哀叹：两党越来越难以达成妥协，代表着民主走向否决政治。而且，正是各党派之间的轮流执政，造成重大政策翻烙饼式转向，社会财政资源的大量空耗，使社会的发展处于循环往复、难以前进的境地。两党恶斗甚至形成了“党派鸿沟”，造成社会的严重对立和撕裂。如果中国也采用西方国家多党制的模式，那么中国就会出现成百甚至上千个政党，最终导致国家治理的纷争不断，内乱不止。

在中国，人民代表大会制度之所以坚持中国共产党的领导，而不搞多党竞争、轮流执政，还因为我国实行中国共产党领导的多党合作的新型政党制度和政治协商制度。中国共产党是中国工人阶级的先进政党，代表着最广大人民群众的根本利益。中国共产党坚持“以人民为中心”，把全心全意为人民服务作为党的宗旨，把实现和维护最广大人民群众的利益作为一切工作的根本出发点。中国共产党与各民主党派的关系是执政与参政的关系，中国共产党是执政党，各民主党派是参政党。各民主党派依法参加国家政权，参与国家大政方针和国家领导人人选的协商，参与国家事务的管理，参与国家方针、政策、法律、法规的制定和执行。中国共产党与各民主党派的关系不是竞争关系，而是在中国共产党领导下的合作关系。在中国共产党的领导下，与各民主党派、无党派民主人士坚持长期共存、互相监督、肝胆相照、荣辱与共的基本方针，团结合作，形成了完全不同于西方国家多党制的新型政党制度和政党关系。所以，在中国，既不能搞蒋介石式的“一党专政”，也不能搞西方国家的多党竞争、轮流执政，而应实行中国共产党领导的多党合作，政治协商。这种中国特色的新型政党制度和政治协商制度植根于中国大地，是与中国的国情相适应的，也是我们对人类政治文明的重大贡献。

人民代表大会制度为什么实行民主集中制，不搞“三权分立”？

列宁最早提出民主集中制的建党原则，并把民主集中制的建党思想，运用到苏维埃的政权建设中。列宁关于民主集中制的思想对我国人民代表大会制度建设有着重要影响。早在新民主主义革命时期，我们党就把民主集中制运用到国家政权建设中。1945 年，毛泽东在《论联合政府》中指出：“新民主主义的政权组织，应该采取民主集中制，由各级人民代表大会决定大政方针，选举政府。它是民主的，又是集中的，就是说在民主基础上的集中，在集中指导下的民主。”1948 年 9 月，毛泽东又强调，我们采用民主集中制，而不采用资产阶级议会制。议会制，袁世凯、曹锟都搞过，已经臭了。中国采取民主集中制是很合适的。我们提出开人民代表大会，不必搞资产阶级的国会制和三权鼎立。

人民代表大会制度之所以实行民主集中制，是我们的国家学说所确定的。从理论上说，国家的一切权力属于人民，国家权力是统一的，不可分割的，各级人民代表大会统一行使国家权力，就像国家主权是统一的，不可分割的一样。因此，我国人民代表大会制度实行民主集中制。“五四宪法”明确规定在各级人民代表大会和其他国家机关一律实行民主集中制。对此，刘少奇在宪法草案的报告中说，我们经过人民代表大会制统一和集中行使国家权力，就说明了我们的民主集中制。他还对为什么要实行民主集中制作了解释：一是人民已经得到解放，可以集中自己的意志，保卫人民利益和社会主义建设。二是我们的政治制度有高度的集中，但这种高度集中是以高度民主为基础的，不能把民主和集中对立起来。三是在人民意志高度集中的同时，一切国家机关都要充分发扬民主，允许批评和监督。人民的共同利益和统一意志，是人民代表大会和一切国家机关工作的出发点。因此，在一切国家机关中，也就能够在民主的基础上形成人民的政治一致性。但不能因为政治上的一致性而取消或者缩小批评和自我批评，我们必须用批评和自我批评的武器来推动国家机关的工作，如果没有充分的批评和自我批评，也就不能达到和保持人民的政治一致性。宪法第三条关于民主集中制的规定进一步明确规定：全国人民代表大会和地方各级人民代表大会由民主选举产生，对人民负责，受人民监督。国家行政机关、监察机关、审判机关、检察机关都由人民代表大会产生，对它负责，受它监督。中央和地方国家机构职权的划分，遵循在中央的统一领导下，充分发挥地方的主动性、积极性的原则。这三项内容是民主集中制的组织原则在国家机构体系中的根本反映，正如习近平总书记指出，民主集中制是中国国家组织形式和活动方式的基本原则，是我国国家制度的突出特点。

我国各级人民代表大会统一行使国家权力，而根据国家治理的需要，可以衍生出国家的立法权、行政权、监察权、审判权、检察权等国家治理权。各级人民代表大会依法统一行使国家权力，同时还依法行使立法权。而"一府一委两院"从不同的方面执行宪法法律的规定，各国家机关之间只是分工不同、职能不同，但根本目标、根本利益以及工作的基本出发点是一致的。

"集中力量办大事"体现了我国社会主义制度的优越性，"集中力量办大事"只是一个形象化的描述，而民主集中制则是我国集中力量办大事的制度保证。正如邓小平指出，我们的制度是人民代表大会制度，共产党领导下的人民民主制度，不能搞西方那一套。这个制度"最大的优越性，就是干一件事，一下决心，一做出决议，就立即执行，不受牵扯"。

实践证明，把民主集中制确立为国家机构的组织原则，为党领导人民实现当家作主提供了根本性的制度保障。同时，也只有实行民主集中制的组织原则，才能从政治上和组织上确保国家权力来源于全体人民，确保人民最广泛地参与国家政治生活。人民代表大会制度以民主集中制为组织原则，既保证人民代表大会统一行使国家权力，又在人民代表大会之下，明确了“一府一委两院”行使的不同职权，在中央统一领导下，充分发挥地方的积极性。这就使我国国家机构的运转，既有民主又有效率，既有分工负责又有制约监督，既有统一性又有积极性，避免了互相扯皮、效率低下、政治纷争等诸多问题。

西方一些国家根据“三权分立”的理论，把国家权力从一开始就划分为行政权、立法权、司法权，分别由三个不同的国家机关行使，形成相互平行，也相互独立，又相互制约的“三权鼎立”的政治架构。不存在一个统一的国家权力，也不允许三权中的任何一个权力高于其他两个权力。“三权分立”是西方资产阶级在同封建专制政权斗争的过程中逐步形成的，与封建专制政权比较，具有历史的进步性，但也存在很多弊端。比如，互相扯皮、互相否决，党争恶斗，大大降低了国家治理的效率。所以，“三权分立”原则不适合我国的国情。实际上也并不是所有的西方国家都实行“三权分立”的体制。英国、德国、意大利、加拿大、日本等国家虽然也实行分权制衡的机制，但均未实行美国式的“三权分立”制度。

人民代表大会制度为什么实行中国特色的一院制，不搞两院制？

两院制是基于分权思想而设计的一种议会组织架构，它把议会分成两个部分，彼此制衡。西方两院制的理论认为，实行两院制可以防止一院制决策的轻率冲动，但实际上还是利益集团之间的博弈和制衡。英国、美国、法国等主要西方资本主义国家均实行两院制。有的国家实行两院制还考虑到民族关系和区域之间的平衡。如苏联实行联邦制，同时照顾各民族的利益，其最高苏维埃也实行两院制，分别设立了联盟院和民族院。

实行一院制还是两院制，并没有姓“资”姓“社”的划分，是根据不同国家国情的选择，主要取决于各国的历史传统、民族状况和政治力量对比关系等因素。据不完全统计，目前在设有议会的 160 多个国家和地区中，有 110 多个国家实行一院制，约占总数的 68%，50 多个国家实行两院制，约占 32%。

在我国，对是否实行两院制，曾经有过争论。“五四宪法”将全国人民代表大会确立为最高国家权力机关。当时，有些人提出，人民政协是否也可以作为国家权力机关。即全国政协作为“上院”，全国人大作为“下院”。针对这一意见，毛泽东在1954年底专门发表谈话，强调指出，政协的性质有别于全国人民代表大会这一国家权力机关，它也不是国家的行政机关。如果把政协全国委员会也搞成国家机关，那就会一国二公，就成为二元论了，这样就重复了、分散了，民主集中制就讲不通了，是不行的，要区别各有各的职权。在制定“八二宪法”的过程中，又有一种主张是在全国人大实行两院制，分别设置“地方院”和“社会院”。其中，地方院由省级行政区域和少数民族的代表组成，主要讨论地方和少数民族的问题，社会院由各界别和行业的代表组成，主要讨论各界和各行各业的问题，两院相互制约、相互制衡，又共同制约监督政府。但更多的意见认为，我国不适宜搞两院制。最后向邓小平同志汇报，邓小平同志的意见是：还是不要搞“两院制”。他说，如果两家意见不一致，协调起来非常麻烦，运作困难。他说我们还是搞一院制，就是人民代表大会制，全国人大是最高国家权力机关，这样国家机构运作比较顺当。毛泽东、邓小平等老一辈革命家、政治家关于国家政权组织架构的讲话是经过深思熟虑的，对我们理解中国人民代表大会制度为什么不搞“两院制”，具有重要指导意义。

我国人民代表大会制度之所以实行一院制，简言之，是因为一院制的运作与我国国家制度的突出特点——民主集中制完全一致。我国的人民代表大会制度，坚持实行民主集中制的原则，在民主基础上的集中和集中指导下的民主，通过人民代表大会制度统一行使国家权力，维护国家的统一和民族的团结，坚持单一制的国家结构形式。而两院制则更多强调国家机关之间的相互制约制衡，这与民主集中制的精神是相悖的。

我国实行的人民代表大会制度一院制具有中国的特色，不同于其他国家的一院制。不同之处就在于我国实行的是各级人民代表大会及其常务委员会的组织制度和工作制度。也就是说，我国人民代表大会制度的一院制有两个机构。各级人民代表大会一般每年召开一次会议。会议期间，代表大会依法行使国家权力。闭会期间则由人民代表大会常务委员会作为人民代表大会的常设机关，依法行使相应的国家权力。人民代表大会常务委员会由人民代表大会选举产生，对人民代表大会负责并报告工作。人民代表大会有权罢免人民代表大会常务委员会的组成人员；有权改变或者撤销人民代表大会常务委员会不适当的决定。这样一种制度架构，既不同于西方国家议会相互平行、相互制衡的“两院制”，也不同于西方国家议会单一议院的“一院制”。

实行中国特色的人民代表大会一院制可以保证党的路线方针政策和重大决策部署的有效贯彻实施，避免决策上的无休止争论扯皮和耗费大量的时间、人力、物力等资源，既维护了全国人民代表大会作为最高国家权力机关的地位和权威，又保证了闭会期间国家权力机关的有效运行。如果实行两院制，不仅形成决策要耗费大量的时间、人力、物力，而且人们也更多关注两院之间的意见平衡，不利于贯彻民主集中制。同时，在我国的各级人大中，包括了各民族、各地方、各党派、各人民团体的代表，具有广泛的代表性，在作出重大决策前，人大代表经过深入调研论证，通过各种渠道进行民主协商，可以充分反映各个方面的意见和利益诉求，为科学决策、民主决策、依法决策提供了必要的保障，没有必要在人民代表大会内设立两院，相互制约。正如邓小平同志所指出的，我们实行的就是全国人民代表大会“一院制”，这最符合中国实际。如果政策正确，方向正确，这种体制益处很大，很有助于国家的兴旺发达，避免很多牵扯。当然如果政策搞错了，不管你什么院制也没有用。

我国为什么实行单一制的国家结构形式，不搞联邦制?

在国家政权组织体系里，除了国体、政体以外，还有一个国家结构形式。国家结构主要是指国家的整体与部分、中央与地方的组织结构和相互关系，在国家治理体系中表现为国家政权组织的纵向关系。由于各国的国情不同，各个国家的历史传承、文化传统、经济社会发展状况不同，国家结构也呈现不同的形式。当今世界，国家结构形式主要有单一制和联邦制两种，如美利坚合众国就是联邦制国家。此外还有类似于联邦制的更为松散的邦联制，如英联邦。而我国就是单一制国家。

单一制的国家，只有一个统一的国家主权，国家的权力集中在中央，地方政权隶属于中央，地方的权力是由中央授予的，没有授予地方的权力均归中央行使。单一制国家只有一部统一的宪法，并实行一体遵行的法律体系，地方不能有独立自行的宪法和法律体系。

我国是统一的多民族的单一制国家。早在 1922 年，我们党受苏俄的影响，曾提出过建立中华联邦共和国的设想。但在新中国成立时，毛主席曾就国家结构形式问题召集各方面人士进行慎重研究，时任中央统战部部长的李维汉同志认为，中国同苏联国情不同，不宜实行联邦制。单一制的国家结构形式，更加符合中国的实际，在统一的国家内实行民族区域自治，更有利于民族平等原则的实现。中央采纳了李维汉同志的意见。在我国国家结构形式实行单一制的同时，在少数民族聚居的地区实行民族区域自治制度。后来，为了解决历史遗留下来的台湾问题、香港问题和澳门问题，根据邓小平同志“一国两制”的构想，进一步提出了在单一制国家结构形式下的特别行政区制度。最终形成了中国特色的单一制国家结构形式。

我国之所以实行统一的多民族的单一制国家的国家结构形式，是由我国历史传承、文化传统、民族关系、地域环境等基本国情决定的。

实行单一制，是我国的地域环境形成的古东方农业文明所导致的。马克思等人就认为，中国早期的统一与独特的自然地理气候特征存在密切联系，大型灌溉工程对于东方集权主义的起源具有重要意义。马克思在《不列颠在印度的统治》一文中指出：“在东方，由于文明程度太低，幅员太大，不能产生自愿的联合，因而需要中央集权的政府干预。所以亚洲的一切政府都不能不执行一种经济职能，即举办公共工程的职能。这种用人工办法提高土地肥沃程度的设施要靠中央政府办理。”所以才有“大禹治水”。古东方农业文明作为一种“水利社会”的文明，农田灌溉依赖大规模之水利工程，在国家治理上要求一个强有力的政权有效地治理水患，灌溉农田。这在客观上对强有力的大一统的中央集权政府提出了客观的现实要求。

实行单一制，我国有着悠久的历史文化传统。早在夏商时期，中国古人就在思想上形成了统一华夏的传统。虽然在历史长河中，战乱纷争不断，但中央集权的完整的统一国家一直是发展的总趋势。到秦朝，秦始皇采取“书同文”“车同轨”的方式，加强统一的国家政权，从一定程度上为以后实行大一统的国家治理奠定了思想文化基础和治理模式。两千多年大一统的封建统治，使单一制的国家结构形式已经在社会扎根，中央集权的国家治理传统延续至今。这种历史传承是割不断的。

实行单一制，与我国民族融合的历史传承也有着密切的联系。我国地域辽阔、人口众多，中国的各民族具有大杂居小聚居的民族特点形式，中华民族的历史就是一部民族融合的历史。中国虽然是多民族国家，但是汉族人口占了中国人口的绝大多数，而且在很多地方，汉族与少数民族长期处于杂居状态，你中有我，我中有你，与苏联的民族人口结构完全不同。毛泽东就说过，在苏联的总人口中，俄罗斯族占百分之五十多，少数民族占将近百分之五十，而在中国的人口中，汉族占百分之九十四，所以中国不能像苏联那样搞加盟共和国。有些人想援引苏联的办法，在中国成立加盟共和国或自治共和国，这是不对的。多民族的相互融合和杂居，奠定了单一制国家结构形式的基础，同时我们在少数民族聚居的地区实行民族区域自治制度，保障少数民族聚居的地方依法实施自治权。我国宪法序言规定："中华人民共和国是全国各族人民共同缔造的统一的多民族国家。平等团结互助和谐的社会主义民族关系已经确立，并将继续加强。""国家尽一切努力，促进全国各民族的共同繁荣。"宪法在"国家机构"一章中还专门设了"民族自治地方的自治机关"一节，对民族自治地方的自治机关和自治权作了明确规定。

我国的人民代表大会作为国家权力机关统一行使国家权力，保证国家法治统一，正是与统一的多民族的单一制国家的国家结构形式相适应的。而联邦制的国家结构形式则不适合中国的基本国情。联邦制的主要特点是：联邦国家是由两个或者两个以上的多个甚至数十个成员国（州）组成，国家的整体与部分是一种联盟关系，不是上级与下级的关系；联邦的权力来自各成员国（州）的让渡，各成员国（州）在让渡部分权力给联邦后，仍然保留自己的剩余权力；对于剩余权力，联邦中央政府不得干预；联邦与各成员国（州）之间的权限划分，由联邦宪法予以规定。在联邦制国家，全联邦有共同的政府、立法机关和司法机关，有统一的宪法和法律，立法、军事、外交、财政等主要权力，由联邦中央政府行使，而联邦的成员国（州）也有自己的宪法和法律，也设有自己的政府、立法机关和司法机关。从美国联邦制的历史看，联邦制的优势在于，它将分散的政治体结合成统一的国家，并在保持联邦是一个强大、统一国家的同时，确保州的灵活性和创造性。但美国联邦制的最大弊端就是联邦与州之间相互扯皮、推诿，各州之间各自为政，使得国家治理效率低下。美国应对新冠肺炎疫情的乱象就是一个典型。其实目前世界上实行联邦制的国家并不多，约有 20 个。一直以来，各种外部敌对势力觊觎中国领土，妄图分裂中国，实行所谓联邦制就是他们的一个抓手。因此，为了维护国家主权和领土完整，维护国家统一，维护国家安全和发展利益，我们必须旗帜鲜明地坚持单一制，反对联邦制。

人民代表大会制度为什么实行“议行分开”，而不是“议行合一”？

“议行合一”，顾名思义，就是代议权、执行权合二为一，代议机关、执行机关合二为一。“议行合一”一般被认为是与西方资本主义国家政权“三权分立”相对立的社会主义政权组织原则和体制，同时也作为社会主义国家制度的重要特征和优势。随着社会主义民主政治的发展和国家治理体系的完善，这种体制和认识正在逐步改变。

1871 年的巴黎公社在政权组织形式上进行了“议行合一”的实验，由人民群众直接选出 86 名代表，组成立法与行政统一的公社委员会。公社委员由巴黎 20 个区的选民直接投票产生。公社设立 10 个委员会，即执行、财政、军事、司法、公安、粮食、劳动与交换、对外关系、社会服务和教育委员会，领导各行政部门，公社委员兼任各委员会委员，实行集体领导，公社制定的各种法令，各行政部门必须执行。巴黎各区选出的公社委员还领导该选区的区政府，直接执行各项法令，并监督执行的情况。马克思在《法兰西内战》中指出，公社是一个实干的而不是议会似的机构，它既是行政机关，同时又是立法机关。巴黎公社的“议行合一”，不仅是行政与立法的机关合一，而且是行政与立法机关组成人员的合一。巴黎公社运动是法国在普法战争惨败后巴黎市民为反对普鲁士军队的占领和追求民主自治而爆发的一次起义，而“议行合一”的体制正是与起义背景相适应的城市政权组织形式，是一个探索人民政权建设的尝试。

俄国十月社会主义革命后，在创建苏维埃国家政权时，列宁发展了巴黎公社“议行合一”的做法。1918年《俄罗斯苏维埃联邦社会主义共和国宪法（根本法）》规定，俄罗斯社会主义联邦苏维埃共和国的最高权力属于全俄苏维埃代表大会，代表大会闭会期间，则属于全俄苏维埃中央执行委员会。中央执行委员会由全俄苏维埃代表大会产生，对全俄苏维埃代表大会负责。它的职责是“总的指导工农政府及全国一切苏维埃政权机关的活动，统一协调立法工作和管理工作，并负责监督苏维埃宪法、全俄苏维埃代表大会及苏维埃政权中央机关各项决定的实施情况”。而且，“中央执行委员会委员在各部（各人民委员会部）中工作”。这种集中权力的中央执行委员会，以及中央执行委员会委员兼任人民委员会职务的做法，仍然贯彻着“议行合一”的思想。

1936年苏联修改宪法，改变了中央执行委员会和人民委员会“议行合一”的体制。1936年苏联宪法规定，“苏联最高权力机关是苏联最高苏维埃”“苏联的最高立法权只能由苏联最高苏维埃行使”“苏联最高苏维埃按照规定程序选举产生苏联最高苏维埃主席团，作为苏联最高苏维埃的常设机关，在苏联最高苏维埃闭会期间依法行使最高权力，并向苏联最高苏维埃报告工作”。宪法取消了“议行合一”的中央执行委员会。与此同时，“苏联最高苏维埃按照规定程序产生苏联政府，即苏联部长会议”“作为苏维埃社会主义共和国联盟国家权力的最高执行机关和发布命令的机关，对苏联最高苏维埃及其主席团负责并报告工作”，同时取消了作为苏联一切政务总的管理机关的人民委员会。至此，“议行合一”政权体制的实质特征已经改变了。

中华人民共和国成立初期，我国政权建设的思路仍然延续着“议行合一”的思路。1949年，董必武作《关于草拟〈中华人民共和国中央人民政府组织法〉的经过及其基本内容的报告》时说，我们的制度是议行合一的，行使国家权力的机关是各级人民代表大会和由它产生的各级人民政府。1954年制定宪法时，我国政权的“议行合一”模式有了变化。“五四宪法”规定，“中华人民共和国全国人民代表大会是最高国家权力机关”“全国人民代表大会常务委员会是全国人民代表大会的常设机关”“中华人民共和国国务院，即中央人民政府，是最高国家权力机关的执行机关，是最高国家行政机关”。至此，在国家层面的政权架构上，代议权与行政权已经由全国人民代表大会及其常务委员会与国务院，即中央人民政府分别行使了。但在地方层面，仍然保留着“议行合一”的体制。“五四宪法”规定“地方各级人民代表大会都是地方国家权力机关”。但由于不设常委会，地方各级人民委员会实际上承担了地方各级人民代表大会的常设机关的职能。刘少奇在作的宪法草案的报告中指出，全国人民代表大会行使国家的立法权，地方各级人民代表大会没有这方面的职权。而且越是下级的人民代表大会，因为地区越小，就越易于召集会议。所以地方各级人民代表大会不需要在人民委员会以外再设立常务机关。地方各级人民委员会是地方各级人民代表大会的执行机关，同时也行使人民代表大会的常务机关的职权。

地方政权这种“议行合一”体制在运行过程中日益显露出其不足。地方各级人民委员会既是地方各级人民代表大会的执行机关，同时也是人民代表大会的常设机关。这就使地方各级人民代表大会在闭会期间，难以对地方各级人民委员会的行政工作进行必要的监督。而地方高级、中级人民法院副院长、庭长、审判员则由省级人民委员会任免。权力机关和行政机关、审判机关不分，不利于国家机关的运作，也不利于人民代表大会对行政、审判等机关的监督。

1957 年上半年，全国人大常委会副委员长兼秘书长彭真根据毛泽东的指示，在研究县级以上地方各级人大设立常委会问题时提出："我们国家的地方人大需要有常设机构来加强对政府工作的监督。省、市、自治区和县人民代表大会本身没有常设机关，在闭会之后就没有一个对政府进行经常监督的机关，这种'议行合一'的制度在今天就不完全适宜了。"县级以上地方人大设立常委会从最初的研究论证，到最终的决定设立，历经四次酝酿、三次搁置的曲折。直到 1979 年，五届全国人大二次会议审议通过了关于修正宪法若干规定的决议和修改后的地方组织法，决定县以上地方各级人民代表大会设立常务委员会。1979 年五届全国人大常委会第十一次会议通过《全国人民代表大会常务委员会关于省、自治区、直辖市可以在 1979 年设立人民代表大会常务委员会和将革命委员会改为人民政府的决议》。同时，我国"八二宪法"还规定："全国人民代表大会常务委员会的组成人员不得担任国家行政机关、审判机关和检察机关的职务。”“县级以上的地方各级人民代表大会常务委员会的组成人员不得担任国家行政机关、审判机关和检察机关的职务。”至此，我国人民代表大会制度的“议行合一”彻底结束。

纵览“议行合一”政权建设的实践，可以看到“议行合一”体制的核心要素有二：一是“议行”的机构合一，二是“议行”的人员合一。巴黎公社是“议行”的机构和人员都合一。苏联苏维埃是中央执行委员会与人民委员会机构分开，而人员没有分开，中央执行委员会委员兼任人民委员会的委员。我国地方人大设立常委会以前，地方各级人民委员会作为行政机关兼有人大常设机构的职能，可视为“议行合一”的机构。1979 年地方各级人大设立常委会以后，人大与政府在机构和人员上完全分开。故此，我国人民代表大会制度完全实现了“议行分开”。

人民代表大会制度为什么是实施全过程人民民主的重要制度载体？

2019 年 11 月 2 日，习近平总书记考察上海市长宁区虹桥街道基层立法联系点时首次提出：“人民民主是一种全过程的民主。”2021 年 10 月 13 日，习近平总书记在中央人大工作会议上的讲话中全面深入地阐述全过程人民民主这一中国特色社会主义民主的原创性重大理念。党的二十大报告把“发展全过程人民民主”确定为我们党发展中国特色社会主义民主政治的主题。

全过程人民民主，就是在国家及社会生活的各个环节、各个层级、各个方面、各个领域，具体地、现实地充分落实人民当家作主。它不仅包括人民群众通过选举代表组成国家权力机关管理国家和社会事务的选举民主，也包括人民群众在基层群众自治组织内直接实现自主管理、自主监督的自治民主，而且还包括人民群众对国家和社会事务的参与式民主；不仅体现在政治活动中，还体现在经济、社会、文化教育、生态环境等各方面活动中；不仅体现在协商、决策过程，还体现在执行、监督过程；不仅体现在程序、形式上，还体现在成果、实质上；不仅体现在直接民主中，还体现在间接民主中；等等。总之，全过程人民民主，就是要保障人民群众依法对国家和社会事务管理的全链条、全方位、全覆盖的有序参与；就是要始终做到一切为了人民，一切依靠人民；始终做到从群众中来，到群众中去；始终做到民有所呼、我有所应，坚持人民主体地位，充分体现人民意志、保障人民权益、激发人民创造活力，真正保证人民实现当家作主。因此，全过程人民民主是中国特色社会主义民主的重要特征和独特优势。

全过程人民民主是全链条、全方位、全覆盖的民主。全链条的人民民主，要求社会治理的所有环节，即民主选举、民主协商、民主决策、民主管理、民主监督等环节，都要尊重和吸纳最广泛的民意。全方位的人民民主，要求社会治理的所有层级、所有形态，都要实现人民群众的广泛参与。无论是国家治理、各级地方治理、基层自治，各类组织的活动，是国家立法工作、行政工作、监察工作、审判工作、检察工作，还是村委会、居委会、企事业单位、社会团体的工作，都要有人民群众的依法有序参与。全覆盖的人民民主，要求社会治理的所有领域都要实现人民群众的依法广泛参与，要在政治、经济、教育、科学、文化、卫生、生态环境保护、自然资源、城乡建设、民政、社会保障等各个领域，保证实现人民群众依法有序的参与。

全过程人民民主是最广泛、最真实、最管用的社会主义民主。我国全过程人民民主不仅有完整的制度程序，而且有完整的参与实践。我国实行工人阶级领导的、以工农联盟为基础的人民民主专政的国体，实行人民代表大会制度的政体，实行中国共产党领导的多党合作和政治协商制度、民族区域自治制度、基层群众自治制度等基本政治制度，巩固和发展最广泛的爱国统一战线，形成了全面、广泛、有机衔接的人民当家作主制度体系，构建了多样、畅通、有序的民主渠道，为人民群众依法广泛政治参与提供了制度和程序保障。党的十八大以来，人民有序政治参与不断扩大，实现了内容广泛、层次丰富的当家作主；最广泛的爱国统一战线得到巩固和发展，社会主义协商民主广泛多层制度化发展，有效保障了各党派、各团体、各民族、各阶层、各界人士共商国是、凝心聚力；建设了解民情、反映民意、集中民智、珍惜民力的决策机制，保证决策符合人民利益和愿望。我国全过程人民民主实现了过程民主和成果民主、程序民主和实质民主、直接民主和间接民主、人民民主和国家意志相统一，全过程人民民主呈现出蓬勃生机和旺盛活力。

当然，我们讲全过程人民民主是最广泛、最真实、最管用的民主，这绝不意味着我们的人民民主就十全十美了。相反，我们的人民民主在制度上还有不少欠缺，在工作上还有很多不足，甚至还有不少妨碍人民民主发展的情形存在，我们需要努力去完善我们的人民民主制度，改进推进人民民主的工作，制裁破坏人民民主的行为，把全过程人民民主坚持好、发展好、完善好。

全过程人民民主的推进，既要坚持和完善人大代表的选举民主和基层群众的自治民主，也要积极探索人民群众依法参与国家和社会事务管理的参与民主。2006 年党的十六届六中全会通过的《中共中央关于构建社会主义和谐社会若干重大问题的决定》第一次提出参与民主的内涵，即“依法保障公民的知情权、参与权、表达权、监督权”。2021 年，党的十九届六中全会决议要求“构建多样、畅通、有序的民主渠道，丰富民主形式，从各层次各领域扩大人民有序政治参与，使各方面制度和国家治理更好体现人民意志、保障人民权益、激发人民创造”。在 2021 年的中央人大工作会议上，习近平总书记在全面深入阐述全过程人民民主重大理念的同时，强调要健全吸纳民意，汇集民智的工作机制，把各方面社情民意统一于最广大人民利益之中，确保党和国家在决策、执行、监督落实各个环节都能听到来自人民的声音。

人民代表大会制度之所以是实现全过程人民民主的重要制度载体，是因为人民代表大会制度为实施全过程人民民主提供完整的制度程序支撑。我国的宪法、选举法、代表法、地方组织法、立法法、监督法等法律，规定了人大制度在民主选举、民主协商、民主决策、民主管理、民主监督的各个环节，在人大制度体系的各个层级，在立法、监督、重大事项决定、人事任免、代表履职等人大工作的各个方面，在涉及政治、经济、教育、科学、文化、卫生、生态环境保护、自然资源、城乡建设、民政、社会保障等各个领域，坚持体现全过程人民民主的要求，成为发展全过程人民民主的可靠制度保障。

人民代表大会制度之所以是实现全过程人民民主的重要制度载体，还因为人民代表大会制度为实施全过程人民民主提供了参与实践平台。人民代表大会制度包含了全链条、全方位、全覆盖的全过程民主特征。人大工作涵盖了民主选举、民主协商、民主决策、民主管理、民主监督的各个环节。人大的协商体现在调研、座谈、论证、审议、公开征求意见等各方面，人大通过的法律、作出的决定决议，都是在广泛听取意见、充分凝聚共识的基础上依法进行表决的。人大的监督，是代表人民意志、具有法律效力的监督，推动各国家机关依法正确地行使权力，维护人民群众的合法权益。正是通过践行全过程人民民主，保证了人民的知情权、参与权、表达权、监督权落实到人大工作的各方面各环节全过程，把各方面社情民意统一到最广大的人民利益之中。

人民代表大会制度之所以是实现全过程人民民主的重要制度载体，还因为人民代表大会制度是实现全过程人民民主的主要渠道。人民代表大会制度作为我国的根本政治制度，在国家的政权架构和治理体系中处于最重要的地位，是中国特色社会主义民主的集中体现。人民代表大会制度具备了全过程人民民主的全链条全方位全覆盖的全部构成。人民代表大会制度的各方面各环节都体现了全过程人民民主。无论是民主选举、民主协商、民主决策、民主管理、民主监督等环节的全链条，还是从国家到省、自治区、直辖市，设区的市州，县区，乡镇各个层级，从各级人大及其常委会与各级政府、监察委员会、人民法院、人民检察院的相互关系的全方位，从政治到经济、教育、科学、文化、卫生、生态环境保护、自然资源、城乡建设、民政、社会保障等各个领域的全覆盖，都与人民代表大会制度有着密不可分的关系。全过程人民民主在人民代表大会制度的各项制度安排、运作机制、工作成果中得到充分的实现。而这是其他政治制度所不可比的。离开人民代表大会制度，全过程人民民主就无法得到全面充分的实现。

各级人大及其常委会要把实施全过程人民民主作为新时代人大工作的一项重大任务，充分发挥人民代表大会的全过程人民民主的重要载体和主要渠道作用。进一步系统研究、学习领会习近平人民民主思想，加强对全过程人民民主的理论研究，从全过程人民民主的各个阶段和环节、各个层次和领域，指导全过程人民民主的实践创新。各级人大及其常委会要不断扩大人民有序政治参与，保证人民依法行使选举权利，民主选举产生人大代表，保障人民的知情权、参与权、表达权、监督权落实到人大工作各方面、各环节、全过程，确保党和国家在决策、执行、监督落实各个环节都能听到来自人民的声音。要完善人大的民主民意表达平台和载体，健全吸纳民意、汇集民智的工作机制，推进人大协商、立法协商，把各方面社情民意统一于最广大人民根本利益之中，从选举、立法、坚督、重大事项决定、代表、会议等各项工作切实推进全过程人民民主，把人民当家作主具体地、现实地体现到党治国理政的政策措施上来，具体地、现实地体现到党和国家机关各个方面各个层级工作上来，具体地、现实地体现到实现人民对美好生活向往的工作上来。

人民代表大会制度为什么是真实的、有效的人民民主制度？

民主是全人类的共同价值。如何把民主价值和理念转化为科学有效的制度安排，转化为具体现实的民主实践，需要注重历史和现实理论与实践形式和内容的有机统一，找到正确的体制机制和方式方法。如何评价一个国家政治制度是不是民主的、有效的？习近平总书记多次讲过“八个能否”的标准，主要看国家领导层能否依法有序更替；全体人民能否依法管理国家事务和社会事务、管理经济和文化事业；人民群众能否畅通表达利益要求；社会各方面能否有效参与国家政治生活；国家决策能否实现科学化、民主化；各方面人才能否通过公平竞争进入国家领导和管理体系；执政党能否依照宪法法律规定实现对国家事务的领导；权力运用能否得到有效制约和监督。习近平总书记在中央人大工作会议上进一步指出，衡量一个国家民主不民主，“关键在于是不是真正做到了人民当家作主”，提出“四个要看、四个更要看”：一要看人民有没有投票权，更要看人民有没有广泛参与权；二要看人民在选举过程中得到了什么口头许诺，更要看选举后这些承诺实现了多少；三要看制度和法律规定了什么样的政治程序和政治规则，更要看这些制度和法律是不是真正得到了执行；四要看权力运行规则和程序是否民主，更要看权力是否真正受到人民监督和制约。

我国的人民代表大会制度，通过各级人大及其常委会立法权、监督权、重大事项决定权和任免权的行使，不断推进科学立法、严格执法、公正司法、全民守法进程。有效保证国家沿着社会主义道路前进；有效保证国家治理跳出治乱兴衰的历史周期率；有效保证国家政治生活既充满活力又安定有序。70 多年来，特别是改革开放 40 多年来，我国的人民代表大会制度为党领导人民创造的举世瞩目的经济快速发展奇迹、社会长期稳定奇迹和 7.7 亿农村贫困人口摆脱贫困奇迹，提供了重要制度保障。因为这些奇迹的实现，都是在党的领导下，各级人大通过法定程序使党的主张成为国家意志，成为各级政府和人民群众的实际行动。实践证明，人民代表大会制度是符合我国国情和实际、体现社会主义国家性质、保证人民当家作主、维护国家长治久安、保障实现中华民族伟大复兴的好制度，是真正的、有效的人民民主制度。

人民代表大会制度之所以是真正的、有效的民主，最根本的是与其扎根的土壤息息相关，它是植根于中国大地，符合中国国情、具有中国特色的民主制度。中国共产党始终高举人民民主的旗帜，始终坚持中国特色的人民民主。习近平总书记高度概括了中国特色的社会主义人民民主的本质内涵：一是人民民主是社会主义的生命，没有民主就没有社会主义，就没有社会主义的现代化，就没有中华民族伟大复兴。二是人民当家作主是社会主义民主政治的本质和核心，发展社会主义民主政治，就是要体现人民意志、保障人民权益、激发人民创造活力，用制度体系保障人民当家作主。三是中国特色社会主义政治发展道路是符合中国国情、保证人民当家作主的正确道路，是近代以来中国人民长期奋斗历史逻辑、理论逻辑、实践逻辑的必然结果，是坚持党的本质属性、践行党的根本宗旨的必然要求。四是人民通过选举投票行使权利和人民内部各方面在重大决策之前进行充分协商，尽可能就共同性问题取得一致意见，是中国社会主义民主的两种重要形式，共同构成了中国社会主义民主政治的制度特点和优势。五是发展社会主义民主政治，关键是要把我国社会主义民主政治的特点和优势充分发挥出来，不断推进社会主义民主政治制度化、规范化、程序化，为党和国家兴旺发达、长治久安提供更加完善的制度保障。

与西方国家的民主相比较，我们可以看到中国特色的社会主义人民民主正在成长，而西方国家的民主越来越衰落。美国诺贝尔经济学奖得主约瑟夫·斯蒂格利茨在目睹2008年金融危机爆发后美国政府用纳税人的钱去拯救华尔街金融机构，却让数百万美国家庭因此而陷入负资产陷阱时，感叹道：美国的民主制度早已偏离林肯总统所揭示的“民有、民治、民享”，他认为美国的民主已经沉沦为“百分之一民有，百分之一民治，百分之一民享（of the 1%，by the 1% and for the 1%）”。2022年美国《国会山报》报道美国昆尼皮亚克大学在8月31日公布的最新民调结果显示，67%的受访者认为美国的民主面临崩溃的危险。

人民代表大会制度是真实的、有效的民主，这绝不意味着我国的人民代表大会制度就不需要完善，不需要发展了。相反，还需要我们以更大的努力把人民代表大会制度坚持好、完善好、运行好。

人民代表大会制度与人民群众是什么关系？

在我国，人民是国家的主人，国家是人民当家作主的国家，国家的一切权力属于人民。各级人民代表大会行使的一切权力都来源于人民。我们国家的名称、各级国家机关的名称，都冠以“人民”二字，这是我国社会主义国家政权的基本定位。人民通过民主选举，产生出自己的代表，组成各级人民代表大会，代表人民行使国家权力，管理国家和社会事务。人民选举产生的各级人民代表大会有着坚实的民意基础和广泛的代表性。这实质上是人民通过选举，赋予各级人大代表行使管理国家和社会事务的权力，是一种授权关系。

保证和发展人民当家作主是人民代表大会制度的本质要求。人民代表大会制度是人民当家作主的政权组织形式，是人民当家作主的制度载体和最高实现形式。习近平总书记指出，人民当家作主是社会主义民主政治的本质和核心。人民民主是社会主义的生命，没有民主就没有社会主义，就没有社会主义现代化，就没有中华民族伟大复兴。我们必须坚持国家一切权力属于人民，坚持人民主体地位，支持和保证人民通过人民代表大会行使国家权力。各级人民代表大会是国家权力机关，代表人民统一行使国家权力。而国家的行政机关、监察机关、审判机关和检察机关都由人大产生，对人大负责，受人大监督。各级人民代表大会在行使国家权力的过程中，必须坚持以人民为中心的思想，不断满足人民日益增长的美好生活需要，促进人的全面发展；必须忠实代表人民的利益、尊重人民的意愿、实现人民的意志、维护人民的权利。习近平总书记在十三届全国人大一次会议闭幕会上的重要讲话中指出，“我们必须始终坚持人民立场，坚持人民主体地位，虚心向人民学习，倾听人民呼声，汲取人民智慧，把人民拥护不拥护、赞成不赞成、高兴不高兴、答应不答应作为衡量一切工作得失的根本标准”。习近平同志在党的二十大报告中强调，必须坚持人民至上，要站稳人民立场、把握人民愿望、尊重人民创造、集中人民智慧。这是各级人大代表与人民群众保持密切联系的总要求。

各级人大代表必须与人民群众保持密切的联系。人民代表大会制度的最大优势是密切联系群众，最大的危险是脱离群众。离开了广大人民群众，人民代表大会制度就成了无源之水、无本之木。各级人大代表和人民代表大会，都必须始终保持与人民群众密切的联系。只有保持与人民群众密切的联系，人民代表大会制度才能获得巨大的能量、无尽的智慧，才能保持强大的生命力。

各级人大代表、各级人民代表大会以及各类国家机关的工作都必须依法受人民的监督。我国宪法第三条规定，全国人民代表大会和地方各级人民代表大会都由民主选举产生，对人民负责，受人民监督。其他各类国家机关都是由人大产生，对人大负责，受人大监督，都是为人民服务的。因此，其他各类国家机关的工作也应当接受人民的监督。根据我国宪法和有关法律的规定，全国人大代表和省、自治区、直辖市、自治州、设区的市的人大代表受原选举单位的监督，县、自治县、不设区的市、市辖区、乡、民族乡、镇的人大代表受原选区选民的监督。代表法设专章明确对代表的监督，规定代表应当采取多种方式经常听取人民群众对代表履职的意见，回答原选区选民或者原选举单位对代表工作和代表活动的询问，接受监督。由选民直接选举的代表应当以多种方式向原选区选民报告履职情况。代表应当正确处理从事个人职业活动与执行代表职务的关系，不得利用执行代表职务干涉具体司法案件或者招标投标等经济活动牟取个人利益。选民或者选举单位有权依法罢免自己选出的代表。代表法还规定了暂时停止执行代表职务的情形和代表资格终止的情形。宪法第四十一条对国家机关和国家工作人员的公民监督权作了规定，中华人民共和国公民对于任何国家机关和国家工作人员，有提出批评和建议的权利；对于任何国家机关和国家工作人员的违法失职行为，有向有关国家机关提出申诉、控告或者检举的权利。

简言之，人民是国家的主人，国家的一切权力属于人民，国家机关的权力来自人民。人民代表大会制度是人民当家作主的制度载体。要支持和保证人民通过人民代表大会行使国家权力，忠实代表人民的利益、尊重人民的意愿、实现人民的意志、维护人民的权利、接受人民的监督，要通过人民代表大会制度把国家民族的前途命运牢牢掌握在人民手中。

人民代表大会制度与政治协商制度有什么不同？

每年的全国人民代表大会和中国人民政治协商会议一般都是3月初在北京隆重召开，这是中国人民政治生活中的一件大事。有人就认为，这虽然不是西方国家的“两院制”，却是中国特色的“两会制”。这些看法是不对的。全国人民代表大会和中国人民政治协商会议，虽然有着密切的联系，但二者所承载的是两个不同的制度。

新中国成立之初，由于召开普选的人民代表大会条件尚不具备，中国人民政治协商会议第一届全体会议曾代行全国人民代表大会的职权。这次全体会议通过了具有临时宪法性质的《中国人民政治协商会议共同纲领》《中国人民政治协商会议组织法》《中华人民共和国中央人民政府组织法》，作出关于国都、国旗、国歌、纪年的决议，选举产生政协全国委员会和中央人民政府委员会。1954年全国人民代表大会召开后，人民政协继续在国家政治生活和社会生活中开展卓有成效的工作，发挥着十分重要的作用。自 1978 年始，由于两个会议的会期基本重合，有些议程的安排也有重合，每年会议期间，全国政协委员通常列席全国人大的一些会议，听取并讨论政府工作报告、计划报告、预算报告、最高人民法院工作报告、最高人民检察院工作报告，讨论有关法律案草案，并提出意见。这样的会议安排逐渐形成一个惯例。后来被简称为“两会”，即中华人民共和国全国人民代表大会会议和中国人民政治协商会议全国委员会会议，它们所承载的分别是人民代表大会制度、中国共产党领导的多党合作和政治协商制度。

二者的区别如下：

第一，二者的性质地位不同。人民代表大会制度是我国的根本政治制度，是与我国的“国体”相适应的国家政权组织形式，即国家的“政体”。各级人大及其常委会是国家权力机关。而中国共产党领导的多党合作和政治协商制度是我国的一项基本政治制度。中国人民政治协商会议是实行中国共产党领导的多党合作和政治协商制度的重要政治形式和组织形式，是中国人民爱国统一战线的组织，是中国共产党领导的多党合作和政治协商的重要机构，是我国政治生活中发扬社会主义民主的重要形式。

第二，二者的职能作用不同。各级人大及其常委会依法行使立法权、重大事项决定权、选举任免权和监督权，制定修改解释废止法律法规，对事关国家、地方全局的重大事项作出决定，对国家机关的领导人员进行选举和任免，对国家行政机关、监察机关、审判机关、检察机关进行法律监督和工作监督。它在国家的制度体系中起着顶层决定性、全域覆盖性、全局指导性作用。而中国人民政治协商会议全国委员会和地方委员会的主要职能是政治协商、民主监督、参政议政。各级政协对国家大政方针和地方的重要举措以及经济建设、政治建设、文化建设、社会建设、生态文明建设中的重要问题，在决策之前和决策实施之中进行协商；对国家宪法、法律和法规的实施，重大方针政策、重大改革举措、重要决策部署的贯彻执行情况，涉及人民群众切身利益的实际问题解决落实情况，国家机关及其工作人员的工作等进行民主监督，参政议政。

第三，二者的工作方式不同。各级人大及其常委会依法统一行使国家权力。各级人大及其常委会组成人员按照法定程序对法律草案、工作报告、预算决算报告、规划计划及其他议案、事项进行审议，提请表决，作出决议决定，在全国和地方产生一体遵行的法律效力。而中国人民政治协商会议全国委员会和地方委员会则是通过对政治、经济、文化、社会生活和生态环境等方面的重要问题以及人民群众普遍关心的问题，开展调查研究，反映社情民意，进行协商讨论；通过调研报告、提案、建议案或其他形式，向中国共产党和国家机关提出意见和建议，列席人大会议，提出意见和建议，但不参与表决。政协委员提出的意见建议，由起草部门在修改相关报告和议案时予以研究体现。

第四，二者的产生方式不同。全国人民代表大会的代表，省、自治区、直辖市、设区的市、自治州的人民代表大会的代表，由下一级人民代表大会选举。不设区的市、市辖区、县、自治县、乡、民族乡、镇的人民代表大会的代表，由选民按选区进行直接选举。而政协委员作为各党派团体和各族各界代表人士，由各方面郑重协商产生。中国人民政治协商会议全国委员会委员经相关程序后，须由中国人民政治协商会议全国委员会常务委员会协商决定。地方委员会委员经相关程序后，须由各级地方委员会常务委员会协商决定。

第五，二者的组织方式不同。各级人民代表大会代表按照选举单位组成代表团，即省、自治区、直辖市代表团，特别行政区代表团，解放军代表团。而中国人民政治协商会议全国委员会由中国共产党、各民主党派、无党派人士、人民团体、各少数民族和各界的代表，香港特别行政区同胞、澳门特别行政区同胞、台湾同胞和归国侨胞的代表以及特别邀请的人士组成，设若干界别。

总之，人民代表大会制度与政治协商制度，一个是选举民主，一个是协商民主，二者既有联系，又有区别，各有各的优势。在发展社会主义民主政治的进程中，我们要把二者很好地结合起来。正如习近平总书记在庆祝中国人民政治协商会议成立 65 周年大会上的讲话中所说的，“人民通过选举、投票行使权利和人民内部各方面在重大决策之前进行充分协商，尽可能就共同性问题取得一致意见，是中国社会主义民主的两种重要形式。在中国，这两种民主形式不是相互替代、相互否定的，而是相互补充、相得益彰的，共同构成了中国社会主义民主政治的制度特点和优势”。

各级人大及其常委会行使哪些国家权力？

我国各级人大及其常委会依据宪法和全国人大组织法、地方组织法、立法法、监督法等法律规定，行使的国家权力十分广泛。1980 年 4 月，彭真同志在全国人大常委会召开的各省、自治区、直辖市人大常委会负责人座谈会上，把地方人大常委会的主要职权从四个方面作了概括：第一，制定、颁布地方性法规；第二，讨论、决定本地区的政治、经济、文化、教育、卫生、民政、民族工作的重大事项等；第三，人事任免；第四，监督本级政府和法院、检察院的工作。虽然当时彭真同志是针对省级人大常委会讲的，但也揭示了各级人大及其常委会行使权力的共性特点。自此，人们就把各级人大及其常委会的职权大体概括为：立法权、重大事项决定权、选举任免权、监督权。当然这“四权”并不是各级人大及其常委会的全部职权。例如，全国人大常委会和省级、设区的市、自治州的人大常委会主持本级人大代表的选举。这也是一项重要职权，但这项职权一般主要是在换届时才行使，故没有把它概括进来。

根据宪法和有关法律的规定，各级人大及其常委会依法主要行使以下四项权力。

1. 立法权

立法权是指全国人大及其常委会、地方人大及其常委会依照法定权限和程序制定、修改、补充、解释或者废止法律、地方性法规、自治条例和单行条例的权力。立法权的行使，对于保证国家法治统一，实现全面依法治国，具有关键性的重大意义。全国人大及其常委会行使国家立法权，地方各级人大及其常委会依法行使地方立法权。根据宪法和立法法的有关规定，全国人民代表大会修改宪法，制定和修改刑事、民事、国家机构和其他的基本法律，可以授权全国人民代表大会常务委员会制定相关法律。全国人大常委会制定和修改除应由全国人大制定的法律以外的其他法律，在全国人大闭会期间，对全国人大制定的法律进行部分补充和修改，但是不得同该法律的基本原则相抵触。根据宪法、地方组织法、立法法和民族区域自治法等法律的规定，省、自治区、直辖市的人大及其常委会根据本行政区域的具体情况和实际需要，在不同宪法、法律、行政法规相抵触的前提下，可以制定地方性法规。设区的市、自治州的人大及其常委会在不同宪法、法律、行政法规和本省、自治区的地方性法规相抵触的前提下，可以对城乡建设与管理、生态文明建设、历史文化保护、基层治理等方面的事项制定地方性法规。民族自治地方的人民代表大会有权依照当地民族的政治、经济和文化的特点，制定自治条例和单行条例。设区的市人民代表大会制定的地方性法规，须报省、自治区人大常委会批准后生效。自治区的自治条例和单行条例，报全国人大常委会批准后生效。自治州、自治县的自治条例和单行条例，报省、自治区的人大常委会批准后生效。

我们要了解的是，立法权绝不仅仅是制定、修改法律法规的权力，立法权还包括补充、解释、废止和编纂法典等的权力。

另外，国务院为执行法律和履行国务院行政管理职权，根据宪法和法律，制定行政法规。国务院制定的行政法规，也带有一定的立法性质，也纳入立法法的调整范围，加以规范。但它属于行政立法。从属性上讲，仍是一种行政权，是保证法律的实施，实现行政管理目标的一种方式，而不是立法权。国务院是中央人民政府，是最高国家行政机关，它依法规定的行政措施、制定的行政法规、发布的行政决定和命令在全国具有一体遵行的效力。地方性法规制定、修改、补充、解释或者废止都不能与行政法规相抵触。根据立法法的规定，国家监察委员会根据宪法和法律、全国人民代表大会常务委员会的有关决定，制定监察法规。中央军事委员会根据宪法和法律，制定军事法规，并在武装力量内部实施。最高人民法院、最高人民检察院对属于审判、检察工作中具体应用法律有权作出司法解释。此外，国务院各部、委员会、中国人民银行、审计署和具有行政管理职能的直属机构可以依法制定部门规章。省级人民政府和设区的市、自治州的人民政府可以依法制定地方性政府规章，这些可以视为广义的立法活动，并纳入立法法的调整范围，但仍然不是立法权的行使。

2. 重大事项决定权

重大事项决定权是宪法和法律赋予各级人大及其常委会的一项重要职权，是实现人民当家作主的重要体现，也是掌握国家民族前途和命运的重要保证。各级人大及其常委会讨论决定的重大事项，事关国家和地方经济社会发展全局的方针政策、重大决策。正如 1945 年毛泽东同志在《论联合政府》中指出，新民主主义的政权组织，应该采取民主集中制，由各级人民代表大会决定大政方针，选举政府。1954 年，刘少奇同志在《关于中华人民共和国宪法草案的报告》中指出，人民代表大会制度既规定为国家的根本政治制度，一切重大问题就都应当经过人民代表大会讨论，并作出决定。全国性的重大问题，经过全国人民代表大会讨论和决定，在它闭会期间，经过它的常务委员会讨论和决定；地方性的重大问题经过地方人民代表大会讨论和决定。我国的人民代表大会就是这样能够对重大问题作出决定并能够监督其实施的国家权力机关。

各级人大及其常委会讨论决定的重大事项，必须由宪法和法律作出明确规定。一般分为法定事项和酌定事项。

法定事项是宪法法律明确规定应当由人大及其常委会讨论决定的具体事项。根据宪法的规定，全国人民代表大会讨论决定的重大事项主要包括：审查和批准国民经济和社会发展计划和计划执行情况的报告；审查和批准国家的预算和预算执行情况的报告；批准省、自治区和直辖市的建置；决定特别行政区的设立及其制度；决定战争和和平的问题。根据宪法的规定，全国人大常委会行使决定权的法定事项包括：在全国人民代表大会闭会期间，审查和批准国民经济和社会发展计划、国家预算在执行过程中所必须作的部分调整方案；决定同外国缔结的条约和重要协定的批准和废除；决定授予国家的勋章和荣誉称号；决定特赦；在全国人民代表大会闭会期间，如果遇到国家遭受武装侵犯或者必须履行国际间共同防止侵略的条约的情况，决定战争状态的宣布；决定全国总动员或者局部动员；决定全国或者个别省、自治区、直辖市进入紧急状态。依据宪法、地方组织法和相关法律，县级以上地方人民代表大会讨论决定的重大事项，主要包括：审查和批准本行政区域内的国民经济和社会发展规划纲要、计划和预算及其执行情况的报告；讨论、决定本行政区域内的政治、经济、教育、科学、文化、卫生、生态环境保护、自然资源、城乡建设、民政、社会保障、民族等工作的重大事项和项目。县级以上地方人民代表大会常务委员会讨论、决定的重大事项包括：本行政区域内的政治、经济、教育、科学、文化、卫生、生态环境保护、自然资源、城乡建设、民政、社会保障、民族等工作的重大事项和项目；审查和批准本行政区域内的国民经济和社会发展规划纲要、计划和本级预算的调整方案。乡镇人民代表大会讨论决定的重大事项主要包括：决定本行政区域内的经济、文化事业和公共事业的建设计划和项目；审查和批准本行政区域内的预算和预算执行情况的报告，监督本级预算的执行，审查和批准本级预算的调整方案，审查和批准本级决算；决定本行政区域内的民政工作的实施计划。

酌定事项是指宪法法律规定授权人大及其常委会视情况讨论决定的重大事项。因为在国家治理的过程中，随时可能出现无法预测又需要由国家权力机关甚至最高国家权力机关作出决定的具体情况。因此，宪法对此专门作了规定。宪法第六十二条关于全国人大行使职权的最后一项就规定了“应当由最高国家权力机关行使的其他职权”。宪法第六十七条关于全国人大常委会行使职权的最后一项就规定了“全国人民代表大会授予的其他职权”。这里的“其他职权”，就包括了宪法法律没有具体规定的其他重大事项的决定权。

在认识人大重大事项决定权时，有一个问题需要搞清楚，就是各级人大及其常委会依法行使立法权、重大事项决定权、选举任免权、监督权，往往都需要作出决议决定，而且都是十分重要的。不少人就认为人大及其常委会作出的一切决议决定都是重大事项决定权的行使。这种认识是不对的。各级人大及其常委会依法作出关于法律问题、监督事项、重要人事任免的决定虽然也采取决议决定的方式，而且也十分重要，但并不等于人大及其常委会作出的决议决定都是重大事项决定权的行使。它们之间是有明显区别的。立法问题的决定针对的是某一类行为，而不是针对具体的某一个事项；选举任免的决定解决的是人事安排，而不是解决具体的工作事项；监督问题处理的往往是纠正偏向、改进工作，而不是部署安排某一个工作或者项目。所以，不宜把各级人大及其常委会作出的决议决定不加区分地都归结为重大事项决定权的行使。

3. 选举任免权

选举任免权是宪法法律赋予各级人大及其常委会选举任免国家机关领导人员的一项十分重要的职权。选举任免权包括选举、任命、决定代理、免职、接受辞职、撤职、罢免等多种权力。选举任免权的行使，对于依法选任忠于宪法、忠于祖国、忠于人民、德才兼备的国家机关领导人员，保证党和国家的路线方针和决策部署的有效实施，确保国家民族的前途命运牢牢掌握在人民手中，具有关键性的重大意义。

各级人大及其常委会的地位层级不同，依照宪法和相关法律的规定，其选举的权力也不同。全国人民代表大会的选举权，包括选举国家主席、副主席；选举中央军事委员会主席；选举国家监察委员会主任；选举最高人民法院院长；选举最高人民检察院检察长。同时，全国人民代表大会有权罢免上述由它选举或者决定的国家机构领导人。全国人民代表大会选举并有权罢免全国人大常委会组成人员，根据主席团提名，通过专门委员会组成人员人选。县级以上地方各级人民代表大会的选举权，包括选举本级人大常委会的组成人员，选举省长、副省长，自治区主席、副主席，市长、副市长，州长、副州长，县长、副县长，区长、副区长，选举本级监察委员会主任、人民法院院长、人民检察院检察长，选举上一级人大代表。同时，县级以上的地方各级人民代表大会也有权依法罢免由它选举产生的国家机构领导人员、本级人大常委会组成人员。乡镇一级人民代表大会的选举权，包括选举乡镇人大主席、副主席，选举正副乡、镇长。

依照宪法和相关法律的规定，各级人大及其常委会的任免权也是不同的。全国人民代表大会的任免权，包括根据国家主席的提名，决定国务院总理的人选。根据国务院总理的提名，决定国务院副总理、国务委员、各部部长、各委员会主任、审计长、秘书长的人选。根据中央军委主席的提名，决定中央军事委员会其他组成人员的人选。全国人大常委会的任免权，包括在全国人民代表大会闭会期间，根据国务院总理的提名或者提请，决定国务院其他组成人员的任免或者职务撤销；根据中央军事委员会主席的提名或者提请，决定中央军事委员会其他组成人员的任免或者职务撤销；根据国家监察委员会主任的提请，任免国家监察委员会副主任、委员；根据最高人民法院院长的提请，任免最高人民法院副院长、审判员、审判委员会委员和军事法院院长；根据最高人民检察院检察长的提请，任免最高人民检察院副检察长、检察员、检察委员会委员和军事检察院检察长，并批准省、自治区、直辖市的人民检察院检察长的任免；决定驻外全权代表的任免。县级以上地方各级人大常委会的任免权，包括在本级人民代表大会闭会期间，决定副省长、自治区副主席、副市长、副州长、副县长、副区长的个别任免；决定省长、自治区主席、市长、州长、县长、区长和人民法院院长、人民检察院检察长的代理人选；任免本级监察委员会副主任、委员；决定本级人民政府秘书长、厅长、局长、委员会主任、科长的任免；任免人民法院副院长、庭长、副庭长、审判委员会委员、审判员，以及人民检察院副检察长、检察委员会委员、检察员，批准任免下一级人民检察院检察长；决定在省、自治区内按地区设立的和在直辖市内设立的中级人民法院院长的任免，以及人民检察院分院检察长的任免。同时，县级以上地方人大常委会在本级人民代表大会闭会期间，有权决定撤销个别副省长、自治区副主席、副市长、副州长、副县长、副区长的职务，决定撤销由它任命的本级人民政府其他组成人员和人民法院副院长、庭长、副庭长、审判委员会委员、审判员，人民检察院副检察长、检察委员会委员、检察员，中级人民法院院长，人民检察院分院检察长的职务。

各级人大及其常委会的选举权和任免权既有联系，又有区别。选举和任命都是人民代表大会产生国家机关领导人员的方式，都是由人民代表大会采用无记名投票方式，以得票数超过全体代表半数始得当选或者通过的形式实现的，但两者之间存在区别。选举，是人大代表按照自己的意志，对依法推荐出来的国家机构有关组成人员和上一级人大代表的候选人进行投票选择的方式。任命则是人大及其常委会根据法定提请人对国家机构有关组成人员人选的提名进行表决，决定被提名的人是否能够担任某种职务的方式。两者的区别在于：

一是选举和任命的属性不同。人大及其常委会的选举是国家选举制度的重要组成部分，是我国的间接选举制度。我国县乡人大代表的直接选举和各级人大及其常委会的间接选举相结合，是我国选举制度的重要特征。而任命则是各级人大及其常委会依法认定相关人选担任某一职务的方式。

二是选举和任命的对应职位不同。选举侧重于产生国家机构的主要领导人员、国家权力机关组成人员等，如全国人大的选举，主要产生国家主席、中央军委主席、国家监察委员会主任、最高人民法院院长、最高人民检察院检察长、全国人大常委会组成人员等。而任命则一般侧重于产生执行机构的领导人员等。地方人大的选举则主要产生设区的市以上各级人大代表、人大常委会组成人员。由于地方治理架构与国家的治理架构不同，各级政府的领导人员、监察委员会主任、人民法院院长、人民检察院检察长也由选举产生。

三是选举和任命的提出程序不同。全国人大选举的国家机构的候选人是由大会主席团提出。地方各级人大选举的国家机构有关组成人员，主席团可以提出候选人，代表依法联名也可以提出候选人。选举时，投票人如果反对，可以另选他人，弃权不能另选他人。而决定任命的人选是由法定提名人提出，只对法定提名人提出的候选人表示同意或反对或弃权，不能另提候选人。

四是选举和任命的通过程序不同。选举结束后，大会主席团根据候选人得票数确定选举结果是否有效，并发布公告，即完成选举的法定程序。而任命的提名人选，提交表决并获得全体代表过半数的表决票后，一般还须经过其他特定程序，如国务院总理、副总理、国务委员、各部部长、各委员会主任、审计长、秘书长的人选，中央军事委员会其他组成人员的人选，由全国人民代表大会全体会议投票通过，再由国家主席根据全国人大的决定发布命令予以任命。至此，任命的法定程序才算完成。

因此，人大的选举权和任免权虽然都是国家机关领导人员产生的方式，但不能把二者简单地混为一谈。

4. 监督权

监督权是人大及其常委会对其他国家机关和由它选举任命的国家机关领导人员执行法律法规、履行职务职责的情况进行监督的权力。监督权是各级人大及其常委会的一项基本职权，人民代表大会制度的初衷之一。1945 年 7 月，毛泽东同志对黄炎培等人说，我们已经找到新路，我们能跳出这周期率。这条新路，就是民主。只有让人民来监督政府，政府才不敢松懈。那么，如何在制度上保证人民监督政府呢？一个主要的途径就是通过人民代表大会制度来实现人民对政府的有效监督。

根据宪法和全国人大组织法、地方组织法和监督法等法律的规定，各级人大及其常委会行使对行政机关、监察机关、审判机关、检察机关等其他国家机关的监督权。其中，全国人民代表大会的监督权，包括监督宪法的实施，听取“一府两院”和全国人大常委会的工作报告，审查国民经济和社会发展计划以及有关预算和预算执行情况的报告，改变和撤销全国人大常委会不适当的决定等。全国人大常委会的监督权，包括监督宪法的实施，监督国务院、国家监察委员会、最高人民法院和最高人民检察院的工作，撤销国务院制定的同宪法、法律相抵触的行政法规、决定和命令，以及省一级地方权力机关制定的同宪法、法律和行政法规相抵触的地方性法规和决议等。

县级以上地方各级人民代表大会的监督权，包括在本行政区域内监督宪法、法律、行政法规和上级人大及其常委会决议的遵守和执行，听取本级“一府两院”和人大常委会的工作报告，审查有关计划预算的报告，改变或者撤销本级人大常委会不适当的决议，撤销本级人民政府不适当的决议和命令。县级以上地方各级人大常委会的监督权，包括监督本级人民政府、人民法院和人民检察院的工作，联系本级人民代表大会代表，受理人民群众对上述机关和国家工作人员的申诉和意见，撤销下一级人大及其常委会的不适当的决议，以及本级人民政府不适当的决定和命令等。

乡镇一级人民代表大会的监督权，包括在本行政区域内监督宪法、法律、法规和上级人大及其常委会决议的遵守执行，审查批准有关预算情况的报告，撤销乡镇人民政府不适当的决定和命令等。

各级人民代表大会还有权依法对其所选举或者任命的国家机关负责人行使罢免权。

各级人大及其常委会行使的权力与其他国家机关行使的权力有什么不同？它们之间是什么关系？

在我国，国家权力是国家的统治权，也就是国家主权的重要组成部分。它是统一的、完整的，不可分割的。所以，我国的各级人民代表大会依法统一行使国家权力。同时根据国家治理的需要，派生出各项国家治理权。国家权力是统一的，国家治理权来源于国家权力。全国人民代表大会通过宪法，把国家治理权具体划分为立法权、行政权、监察权、审判权、检察权等治理职权。分别由人大机关、行政机关、监察机关、审判机关、检察机关依法行使。同时各级人民代表大会还行使着监督权、重大事项决定权、重要人事任免权等重要的国家权力。因此，国家权力决定国家治理权，国家治理权从属于国家权力。这就决定了我国的人民代表大会与其他国家机关的关系。

在我国，人民代表大会是国家的权力机关，统一行使国家权力，同时还是国家的立法机关，行使国家治理权中的立法权。全国人大及其常委会通过的法律具有全社会一体遵循的法律效力。地方人大及其常委会通过的地方性法规在本行政区域内也必须得到遵守。因此，各级人大及其常委会在国家的治理体系中处于十分重要的地位。各级人民政府是国家权力机关的执行机关，同时也是国家的行政机关，各级监察委员会是国家的监察机关，各级人民法院是国家的审判机关，各级人民检察院是国家的法律监督机关。它们依法分别行使行政权、监察权、审判权和检察权等国家治理权。它们都由人大产生，对人大负责，受人大监督。因此，在我国的各级国家机关中，人民代表大会与其他国家机关的关系是产生与被产生的关系，决定与执行的关系，监督与被监督的关系。

中华人民共和国主席，即国家主席，是一个重要的国家机构。1954 年宪法规定设国家主席。1975 年宪法和 1978 年宪法取消了国家主席的设置。考虑到我国是一个大国，对外需要有国家主席代表国家，因此在制定 1982 年宪法时，最后确定还是设国家主席。国家主席既是国家的代表，又是国家的象征，代表国家在国际上进行元首外交、国事访问、出席国际会议等国事活动，在国内行使法定职权，不仅具有礼仪性、象征性，也具有程序的实质性。国家主席根据全国人民代表大会的决定和全国人民代表大会常务委员会的决定，公布法律，任免国务院总理、副总理、国务委员、各部部长、各委员会主任、审计长、秘书长，授予国家的勋章和荣誉称号，发布特赦令，宣布进入紧急状态，宣布战争状态，发布动员令。国家主席代表中华人民共和国，进行国事活动，接受外国使节；根据全国人民代表大会常务委员会的决定，派遣和召回驻外全权代表，批准和废除同外国缔结的条约和重要协定。中华人民共和国主席、副主席由全国人民代表大会选举。有选举权和被选举权的年满四十五周岁的中华人民共和国公民可以被选为中华人民共和国主席、副主席。中华人民共和国主席缺位的时候，由副主席继任主席的职位。中华人民共和国副主席缺位的时候，由全国人民代表大会补选。中华人民共和国主席、副主席都缺位的时候，由全国人民代表大会补选；在补选以前，由全国人民代表大会常务委员会委员长暂时代理主席职位。

中华人民共和国中央军事委员会领导全国武装力量。1954 年宪法第四十二条规定，中华人民共和国主席统率全国武装力量，担任国防委员会主席。1975 年宪法和 1978 年宪法取消了国家主席，规定中国共产党中央委员会主席统率全国武装力量。1982 年宪法制定时，决定设立国家的军事委员会。名称与党的中央军事委员会一致起来，也叫中央军事委员会。中央军事委员会由下列人员组成：主席，副主席若干人，委员若干人。中央军事委员会实行主席负责制。中央军事委员会每届任期与全国人民代表大会每届任期相同。中央军事委员会主席由全国人民代表大会选举产生，副主席、委员由中央军事委员会主席提名，由全国人民代表大会决定任命。中央军事委员会主席对全国人民代表大会和全国人民代表大会常务委员会负责。中华人民共和国中央军事委员会和中国共产党中央军事委员会是两个牌子一套班子。中央军事委员会是中国共产党领导下的最高军事领导机构，直接领导全国武装力量。

各级人大及其常委会是什么性质的机关？

各级人大及其常委会的基本属性是保证人民当家作主的国家权力机关，同时又是自觉坚持中国共产党领导的政治机关，还是全面担负宪法法律赋予的各项职责的国家工作机关和始终同人民群众保持密切联系的代表机关。

各级人大及其常委会的地位和作用充分体现了人大机关保证人民当家作主的国家权力机关基本属性。宪法第二条规定，中华人民共和国的一切权力属于人民。人民行使国家权力的机关是全国人民代表大会和地方各级人民代表大会。宪法和地方组织法还规定，它的常设机关是全国人民代表大会常务委员会和地方各级人民代表大会常务委员会。宪法和法律的这些规定，确定了人大及其常委会的法律地位是国家权力机关。人大及其常委会在国家政权体系中，是最重要的国家机关，处于一切国家机关的首位。国家行政机关、监察机关、审判机关、检察机关都由人民代表大会产生，对它负责，受它监督。各级人大及其常委会行使的立法权、重大事项决定权、选举任免权、监督权都关系到国家治理、经济社会发展的全局，关系着国家民族的前途和命运，是人民当家作主、管理国家事务的集中体现。因此，各级人民代表大会及其常务委员会的基本属性是国家权力机关。

各级人大及其常委会还是自觉坚持中国共产党领导的政治机关。人民代表大会制度是党领导国家政权机关的重要制度载体。各级人大及其常委会要坚决维护党中央权威和集中统一领导，保证党的理论、路线、方针政策和决策部署在国家工作中得到全面贯彻和有效执行。各级人大及其常委会要认真执行党的领导的各项制度，善于使党的主张通过法定程序成为国家意志，善于使党组织推荐的人选通过法定程序成为国家政权机关的领导人员，善于通过国家政权机关实施党对国家和社会的领导，维护党和国家权威，维护全党全国团结统一。

各级人大及其常委会也是全面担负宪法法律赋予的各项职责的国家工作机关。由于每次人大换届都有一批退出党政领导岗位的干部转到人大工作，人民往往就认为人大机关是“二线”机关。其实，人大作为国家权力机关虽然地位作用与国家行政、监察、审判、检察机关不同，但它同国家行政、监察、审判、检察机关一样，同样全面担负宪法法律赋予的各项职责，面临且必须进行大量的、经常性的工作。全国和一些地方的人大肩负立法工作任务，各级人大及其常委会还是依法行使立法权的国家立法机关。全国和地方各级人大，要决定国家或者本行政区域重大事项，选举、决定或者罢免本级国家机关的组成人员，监督或者保证宪法、法律实施和监督本级其他国家机关工作等。有时，人大还面临一些重大的紧急事务，如全国人大有关香港特别行政区管治的法律制定、修改和解释，就涉及与境外敌对势力的严峻斗争。因此，各级人大及其常委会是肩负国家治理重大责任的国家工作机关，不是“二线”机关，更不是西方议会式的“清谈馆”。

各级人大及其常委会还是始终同人民群众保持密切联系的代表机关。这是人民当家作主的社会主义民主政治的本质要求。全国和地方各级人大都由民主选举产生，对人民负责，受人民监督。各级人大及其常委会的一切活动和工作，都必须始终坚持人民立场，坚持人民主体地位，虚心向人民学习，倾听人民呼声，汲取人民智慧，把人民拥护不拥护、赞成不赞成、高兴不高兴、答应不答应作为衡量一切工作得失的根本标准。各级人大代表都必须通过各种方式，密切联系人民群众，积极反映人民群众的意见，充分集中人民群众的智慧，以真正代表人民的利益和意志。

怎样把人民代表大会制度坚持好、完善好、运行好？

习近平总书记指出，在中国，发展社会主义民主政治，保证人民当家作主，保证国家政治生活既充满活力又安定有序，关键是要坚持党的领导、人民当家作主、依法治国有机统一。人民代表大会制度就是坚持党的领导、人民当家作主、依法治国有机统一的根本制度安排。因此，要把人民代表大会制度坚持好、完善好、运行好，要做的事情很多，关键在于坚持党的领导、人民当家作主、依法治国有机统一。

中国共产党的领导是人民当家作主和依法治国的根本保证。坚持党的领导、人民当家作主、依法治国有机统一，核心是坚持党的领导。中国共产党的领导地位是在长期斗争的实践中逐步形成的，是历史和人民的选择。坚持党的全面领导，是人大工作的最高政治原则。各级人大要在自己的工作中把这一最高政治原则贯穿依法履行职责的各方面和全过程。人大机关党的组织和党员，要坚决贯彻党的理论和路线方针政策，自觉地把党的主张与人民意志统一起来，把党的决策和在人大工作中贯彻执行党的决策统一起来，把对党负责和对人民负责统一起来，确保人大各项工作在党的领导下进行，善于和保证党的立法通过法定程序成为国家意志，善于和保证党的政策通过法定程序成为国家的法律，善于和保证党组织推荐的人选通过法定程序成为国家机关的领导人员，善于和保证通过国家政权机关实施党对国家和社会的领导。

人民当家作主是社会主义民主政治的本质特征。人民民主是社会主义的生命。人民代表大会制度的先进性和生命力，也在于它是深深植根于人民群众的，人民是历史的创造者，是国家的主人，是决定党和国家前途命运的根本力量。要把坚持以人民为中心作为我们治国理政各项工作的立足点、出发点和归宿点。要抓住坚持和完善人民代表大会制度这个重要环节，积极发展全过程人民民主，进一步健全民主制度，丰富民主形式，扩大公民对国家事务和社会事务的有序参与，保证人民实现当家作主的权利。各级人大要自觉地把工作置于人民的监督之下。

依法治国是党领导人民治理国家的基本方式。依法治国与党的领导、人民当家作主是密不可分的。依法治国是现代国家治理的基本方式。我国的宪法和法律是党领导人民制定的，是党的主张、人民意志和依法治国相统一的集中体现。党领导人民通过国家权力机关制定宪法和法律，又在宪法和法律范围内活动，严格依法办事，有效治理国家，不断巩固和发展人民民主。人民在党的领导下当家作主，依照宪法和法律管理国家事务，管理社会事务和经济文化事业。依法治国不仅从制度上、法律上保证人民当家作主，而且也从制度上、法律上保证党的执政地位。党的领导和社会主义法治是一致的，社会主义法治必须坚持党的领导，党的领导必须依靠社会主义法治。只有在党的领导下依法治国、厉行法治，人民当家作主才能充分实现，国家和社会生活法治化才能有序推进。

党的领导、人民当家作主、依法治国三者之间是“有机统一”的。在社会主义中国的现代化建设中，党的领导、人民当家作主、依法治国相互依存、相互交融、相辅相成。也就是说，三者缺一不可，一损俱损。没有中国共产党的坚强领导，人民当家作主就会失去主心骨，人民的政权就可能丧失；没有人民当家作主，国家政权就不是人民的政权，党的领导也失去存在的价值；没有依法治国，党的领导、人民当家作主就失去法治保障。在中国共产党的集中统一领导下，人民通过各种形式、各个层面管理国家和社会事务，管理经济和文化等各项事业，党领导人民通过法定程序制定宪法和法律，依法行政、公正司法，全民普法，依法保证人民当家作主，保证党的领导和执政地位。这就是三者的有机统一，统一于治国理政、发展中国特色社会主义民主政治的伟大实践，统一于全面建设社会主义现代化国家的伟大实践，统一于坚持和完善中国特色社会主义制度、走中国特色社会主义道路的伟大实践。

人民代表大会制度是“三者有机统一”的根本政治制度安排。坚持党的领导、人民当家作主、依法治国有机统一，必须有制度保证。人民代表大会制度是坚持党的领导、人民当家作主、依法治国有机统一的根本制度载体和最高实现形式，是三者有机统一的根本政治制度安排。这一定位不仅深刻阐明了党的领导与人民当家作主、依法治国的有机统一的关系，而且为“三者有机统一”的实现提供了根本政治制度载体。

人民代表大会制度是党领导国家政权机关的重要制度载体，也是党在国家政权中充分发扬民主、贯彻群众路线的最好实现形式。坚持和完善人民代表大会制度，做好人大工作，可以从根本制度上保证党发挥总揽全局、协调各方的领导核心作用，保证党的主张通过法定程序转化为国家意志，保证党组织推荐的人选成为国家政权机关的领导人员，保证党通过国家政权机关实现对国家和社会的领导，维护全党全国的团结统一。

人民代表大会制度是人民当家作主的主要途径和最高实现形式。坚持和完善人民代表大会制度，关键要体现在最广大人民的意愿能否得到充分反映，最广大人民当家作主的权利是否得到充分实现，最广大人民的合法权益是否得到充分保障。因此，人大工作必须密切联系群众，代表好、维护好、实现好最广大人民的根本利益，使人民依法享有的知情权、参与权、表达权、监督权，真实、生动、具体地体现在人大工作的各方面各环节，确保党和国家在决策、执行、监督落实的全过程都能听到来自人民的声音，都有人民的参与。

人民代表大会制度是全面推进依法治国的根本制度保证。全面推进依法治国是国家治理领域一场广泛而深刻的革命，涉及立法、执法、司法、守法等各个方面，是一项宏大的系统工程。各级人大机关承担着全面推进依法治国的法定职责和神圣使命。人大作为国家权力机关，不仅通过立法，而且通过监督权、任免权、决定权的行使，对全面推进依法治国将发挥不可或缺的重要作用。

坚持和完善人民代表大会制度，做好人大工作，最重要的就是要牢牢把握坚持“三者有机统一”这个关键。把握好这个关键，我们就能把人民代表大会制度坚持好、完善好、运行好，就能把人大工作、代表履职做好。从国家权力机关的站位出发，各级人大机关、人大代表、人大工作者都要更加自觉地把坚持党的领导、人民当家作主和依法治国有机统一作为行使职权、履行职责的总要求，自觉把人大机关工作、代表履职工作放在党和国家工作大局中来谋划、来践行。各级人大要适应经济社会变化发展的新情况，在更高水平上实现三者的有机统一，不断推动人民代表大会制度与时俱进，推进人民代表大会制度理论和实践创新。